Inga Borges

SWEET MINIS häkeln

23 wilde Dschungeltiere

EMF

EIN BUCH DER
EDITION MICHAEL FISCHER

INHALT

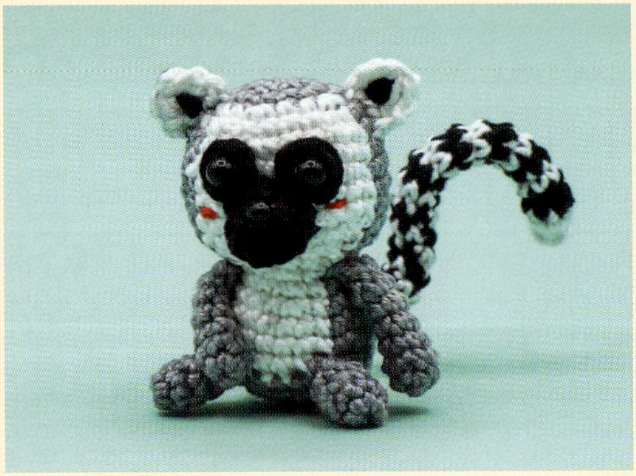

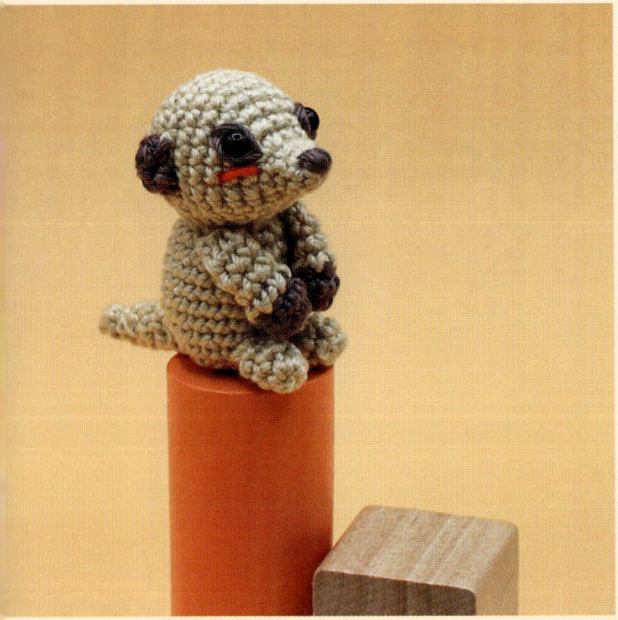

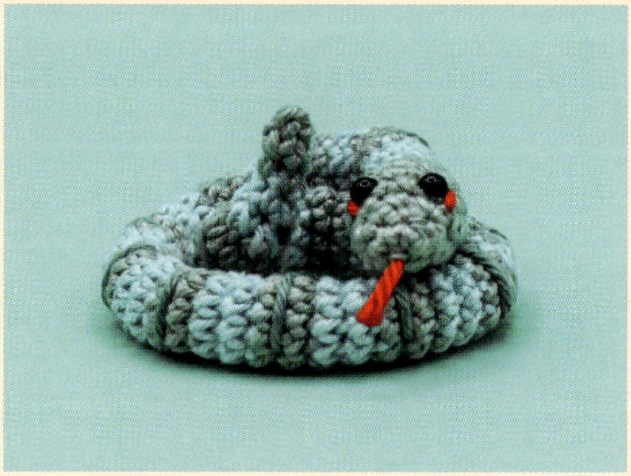

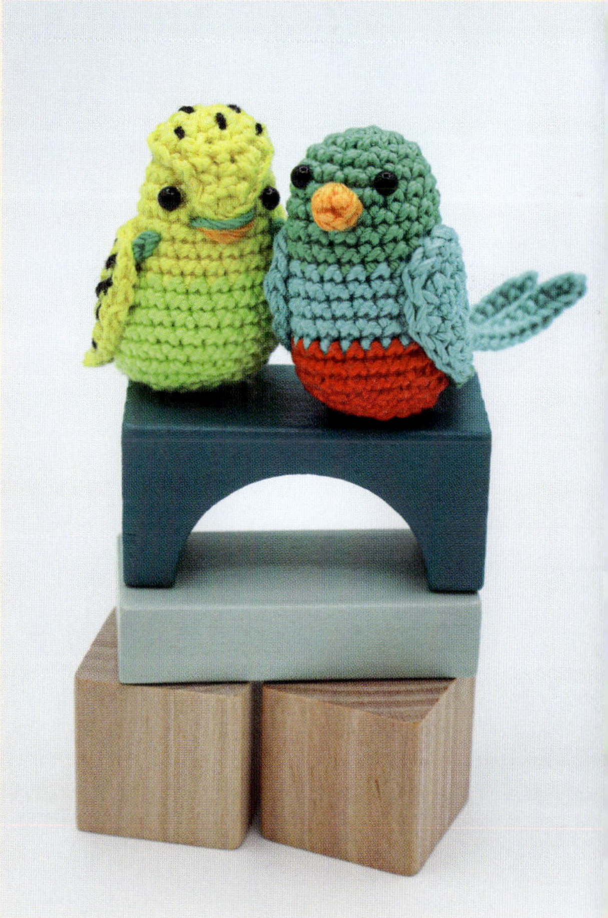

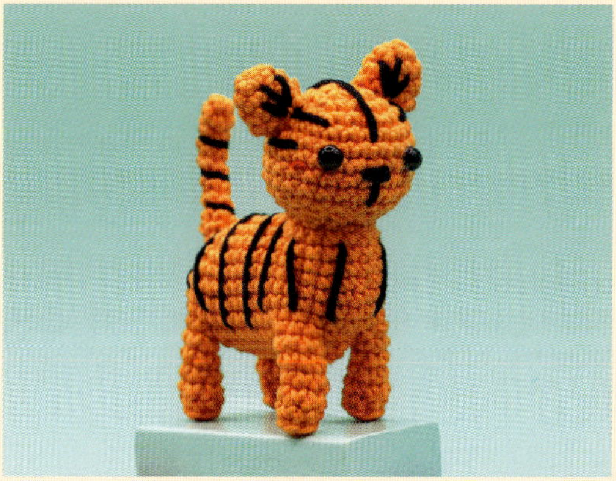

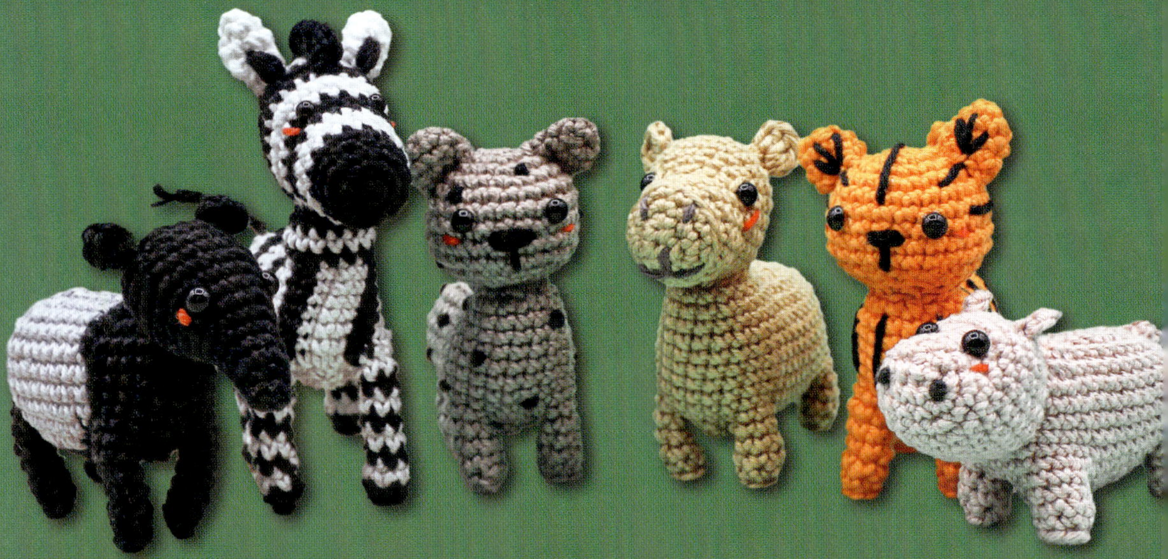

VORWORT

Willkommen im wunderschönen Regenwald, dem tiefsten Dschungel der Erde. Hier ist eine Menge los. Ob ganz oben in den verwunschenen Bäumen oder tief unten im grünen Dickicht des Bodens, überall wuselt und raschelt, huscht und trällert es.

Denn die Tiere des Dschungels sind unterwegs. Die fröhlichen Affen, der gemütliche Tapir, die zischelnde Schlange, der mächtige Tiger und viele mehr – sie alle wohnen hier zwischen dichten Blättern, hohen Bäumen und rauschenden Bächen. Gemeinsam mit Wolle und Häkelnadel geht's nun auf abenteuerliche Expedition in die Welt der Dschungeltiere.

Viel Spaß!

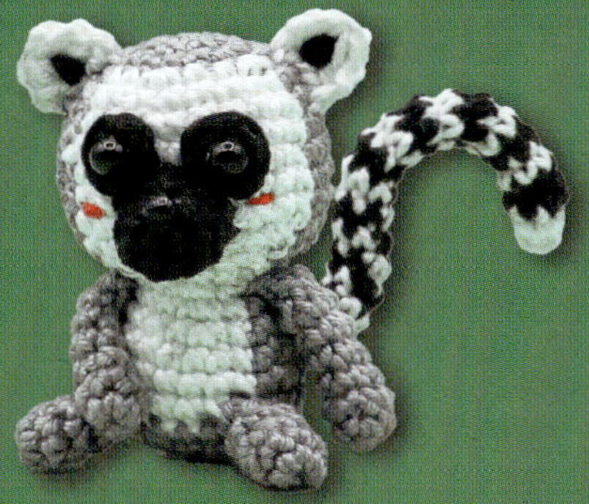

GRUNDLAGEN UND TECHNIKEN

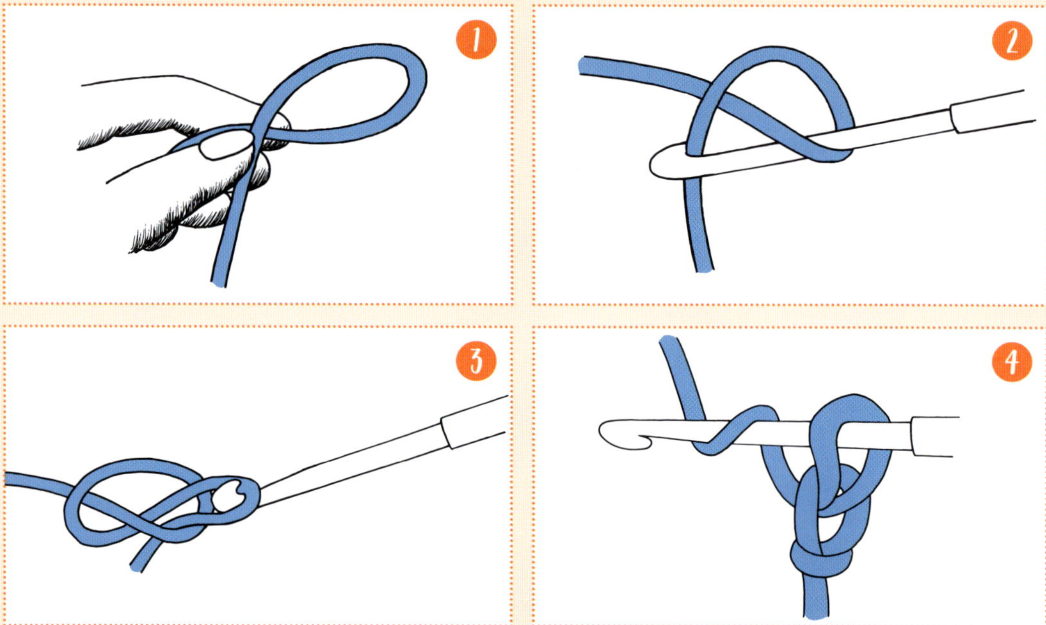

LUFTMASCHEN ANSCHLAGEN

1. Lege den Faden zu einer Schlinge und fixiere ihn mithilfe deines Daumens und Zeigefingers. Der Arbeitsfaden befindet sich unten.

2. Stich nun mit der Nadel durch die Schlaufe und hole den Faden durch die Öffnung.

3. Ziehe die so entstandene Schlaufe leicht fest, indem du an beiden Fäden, dem Fadenende und dem Arbeitsfaden, ziehst. So entsteht die Anfangsschlinge, in die du nun weitere Luftmaschen häkeln kannst.

4. Um weitere Luftmaschen anzuschlagen, die Anfangsschlinge gut festhalten, mit der Nadel durch die Schlinge stechen, den Faden holen und wieder durch die Schlinge ziehen. So oft wie nötig wiederholen.

WENDELUFTMASCHEN

Am Ende einer Reihe häkelst du eine Luftmasche, eine sogenannte Wendeluftmasche, und wendest die Arbeit.

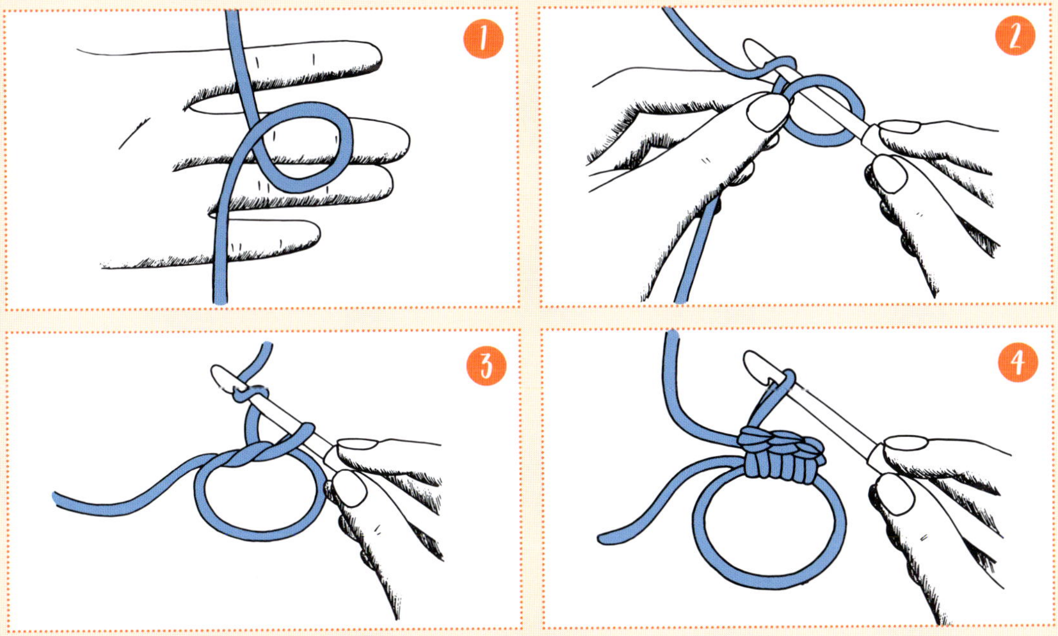

FADENRING

1. Bilde mit dem Garn eine Schlaufe, wobei das Ende des Fadens nach unten zeigt. Lege den Rest des Garnes nach hinten über den Zeigefinger und fixiere das Garn zwischen Ring- und Mittelfinger.

2. Halte die Schlaufe mit dem Daumen und dem Zeigefinger fest, führe die Nadel durch die Schlaufe, hole den Faden und ziehe diesen durch die Schlaufe.

3. Hole den Arbeitsfaden erneut und ziehe ihn durch die Schlinge. So wird der Ring fixiert.

4. Ab jetzt können die Maschen wie gewohnt gehäkelt werden. Stich dabei immer um den Ring herum, nicht in die Schlaufen des Ringes hinein. Sind alle Maschen gehäkelt, kann der Ring durch Ziehen am Fadenende zusammengezogen werden.

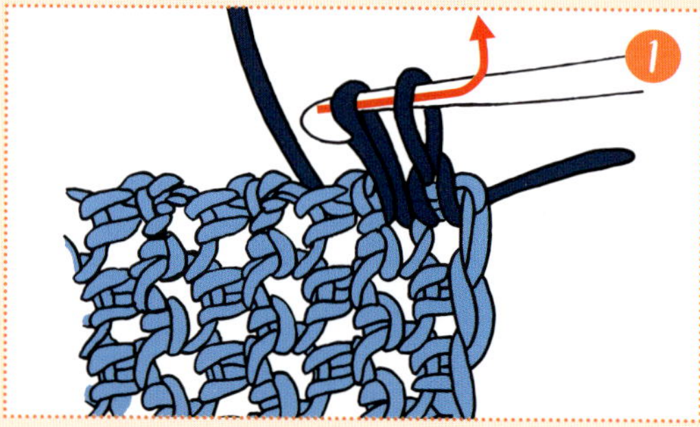

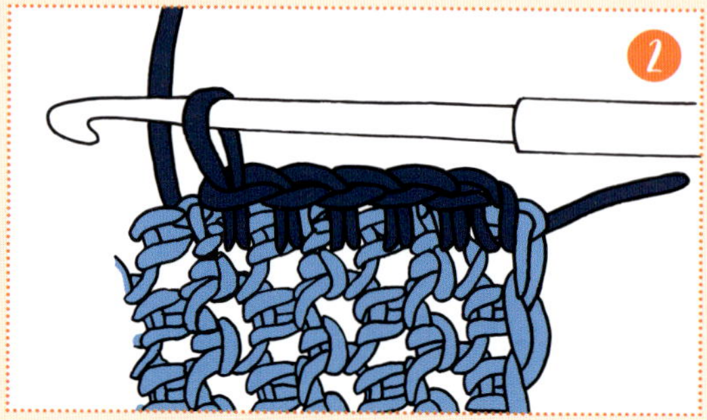

KETTMASCHEN

Kettmaschen sind sehr vielfältig. Sie werden nicht nur verwendet, um Kanten zu verzieren, mit ihnen schließt man auch Runden.

1. Um eine Kante zu verzieren, schlinge den Faden an einer Kante des Häkelstücks an. Stich unterhalb der Wendeluftmasche in die folgende Reihe ein, hole den Faden zur Schlinge und ziehe ihn durch die Schlaufe.

2. So sieht eine mit Kettmaschen verzierte Abschlusskante aus.

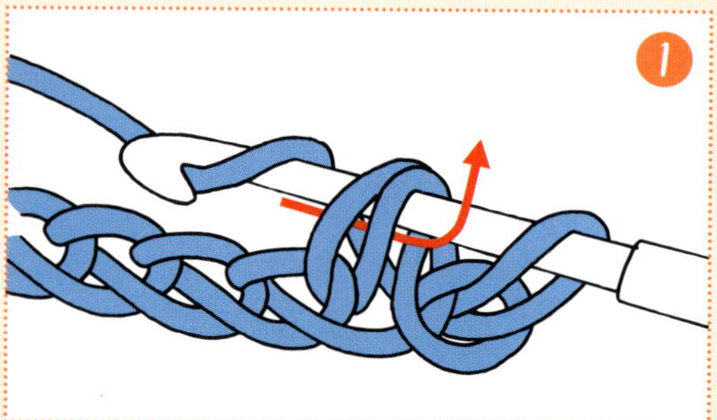

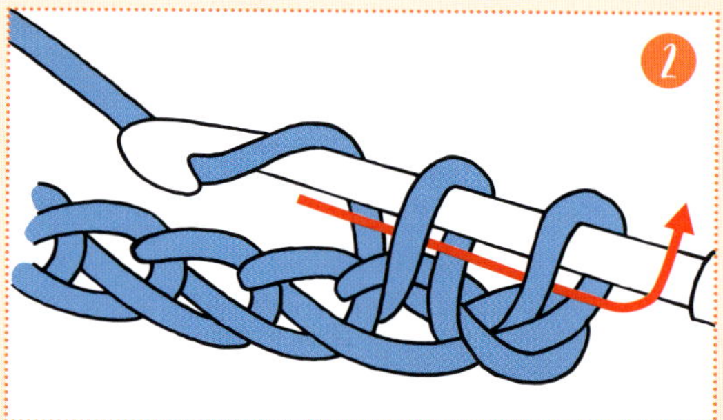

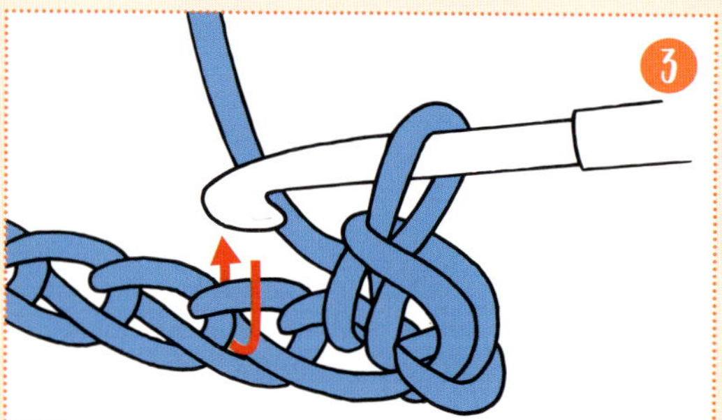

FESTE MASCHEN

1. Stich mit der Nadel durch die folgende Masche und hole den Faden. Es befinden sich nun zwei Schlingen auf der Nadel.

2. Hole den Arbeitsfaden erneut und ziehe ihn durch beide Schlingen auf der Nadel. Nun ist die erste feste Masche entstanden.

3. In die nächste Einstichstelle stechen und den Vorgang wiederholen.

STEHENDE FESTE MASCHE

Mit dieser Technik kannst du eine neue Runde/Reihe an einer beliebigen Stelle deines Häkelstücks beginnen.

1. Beginne mit einer Anfangsschlinge wie zum Häkeln von Luftmaschen und stich die Nadel dann von vorne in die gewünschte bzw. vorgegebene Masche ein.

2. Hole den Faden durch die Masche und die Anfangsschlinge, so wie du auch eine feste Masche häkeln würdest.

3. Nun kannst du wie gewohnt weiterhäkeln.

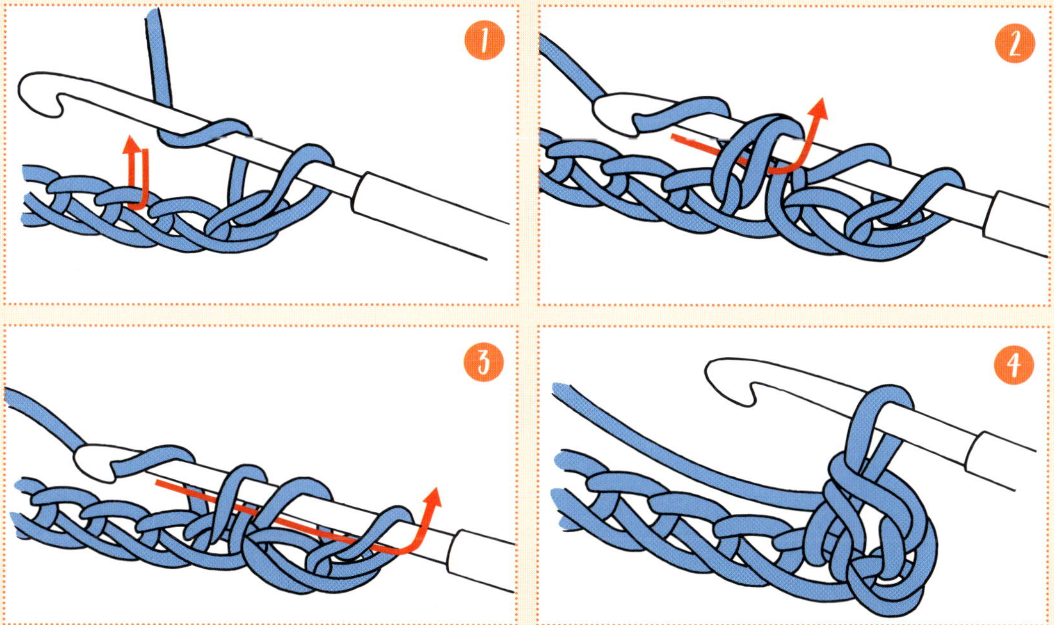

HALBES STÄBCHEN

1. Lege den Faden einmal um die Nadel (Umschlag). Stich dann in die folgende Masche ein...

2. ... und hole den Faden. Es befinden sich dann drei Schlingen auf der Nadel.

3. Hole den Faden erneut und ziehe ihn durch alle drei auf der Nadel befindlichen Schlingen.

4. So sieht das fertige halbe Stäbchen aus.

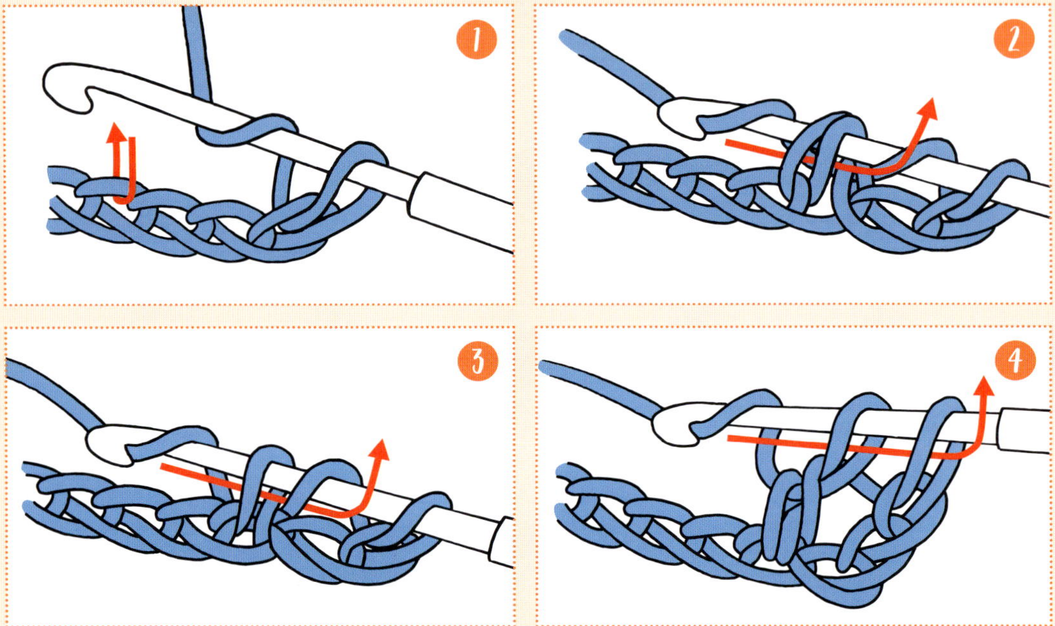

STÄBCHEN

1. Lege den Faden einmal um die Nadel (Umschlag). Stich dann in die folgende Masche ein…

2. … und hole den Faden. Es befinden sich nun drei Schlingen auf der Nadel.

3. Hole den Faden erneut und ziehe ihn durch die ersten beiden Schlingen auf der Nadel. Es liegen nun noch zwei Schlingen auf der Nadel.

4. Den Faden wieder holen und durch die letzten beiden Schlingen ziehen. Nun ist das erste Stäbchen entstanden.

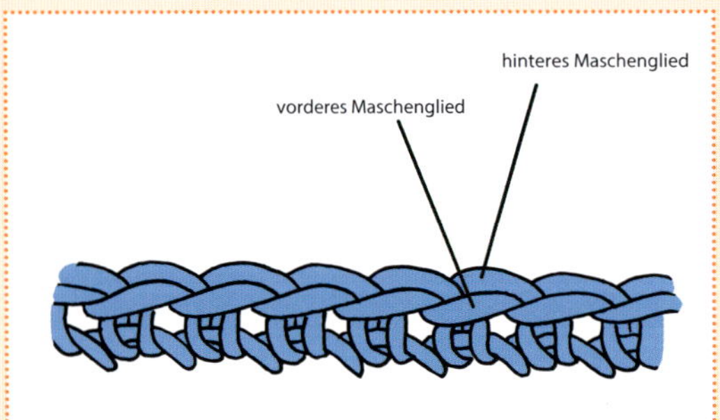

VORDERES UND HINTERES MASCHENGLIED

Bei manchen Anleitungen wird angegeben, dass man nur in ein Maschenglied häkeln soll. Diese Illustration verdeutlicht, wo sich das vordere bzw. das hintere Maschenglied befindet.

IN SPIRALRUNDEN HÄKELN

Wird in Spiralrunden gehäkelt, so wird am Ende der Runde keine Kettmasche und am Anfang der Runde keine Luftmasche gehäkelt. Die Runde läuft also einfach schneckenförmig weiter. Du kannst dir den Anfang der Runde mit einem Faden, einem Maschenmarkierer oder einer Sicherheitsnadel markieren. Das erleichtert das Zählen der Maschen.

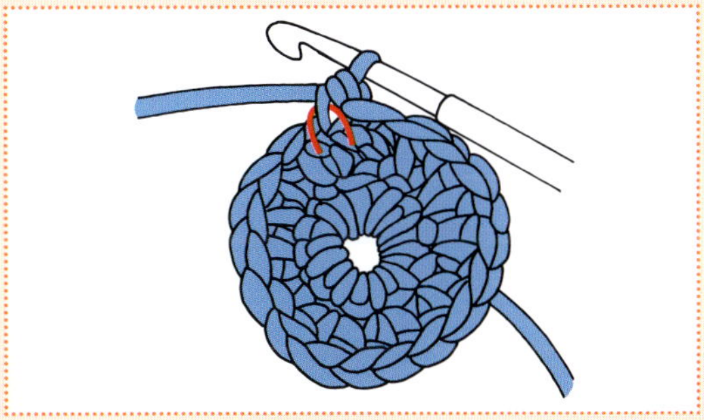

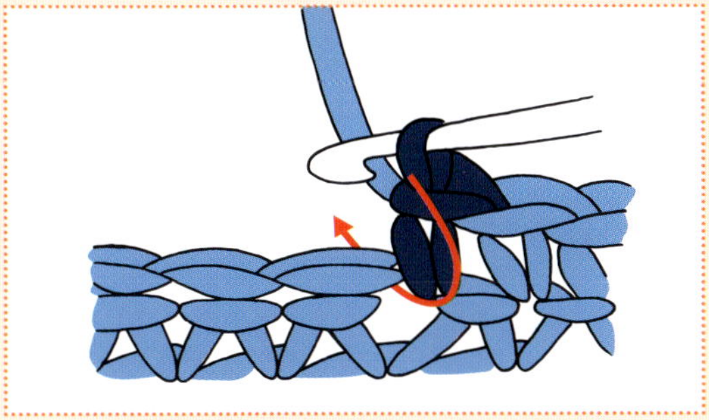

MASCHEN ZUNEHMEN/VERDOPPELN

Um Maschen jeglicher Art zuzunehmen, wird einfach in eine Einstichstelle zweimal eingestochen. Die Masche dann wie gewohnt häkeln.

1 Masche zunehmen = 1 Masche verdoppeln, also 2 Maschen in dieselbe Einstichstelle häkeln.

FESTE MASCHEN UNSICHTBAR ZUSAMMEN ABMASCHEN

Um Maschen abzunehmen, werden diese zusammen abgemascht. Bei festen Maschen wie folgt vorgehen: Die Nadel wie beim Häkeln einer festen Masche durch die folgende Masche ziehen und den Faden holen, diese feste Masche jedoch nicht beenden. Nun in die folgende Masche einstechen und erneut den Faden holen. Es liegen drei Schlingen auf der Nadel. Den Faden erneut holen und durch alle drei Schlingen ziehen. Die Maschenzahl hat sich somit um eine feste Masche verringert.

1 Masche abnehmen = 2 Maschen zusammen abmaschen, also 2 Maschen zusammenhäkeln, sodass nur ein Abmaschglied bleibt.

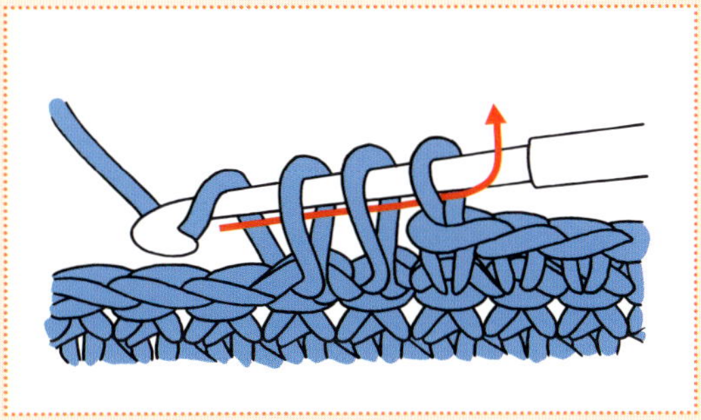

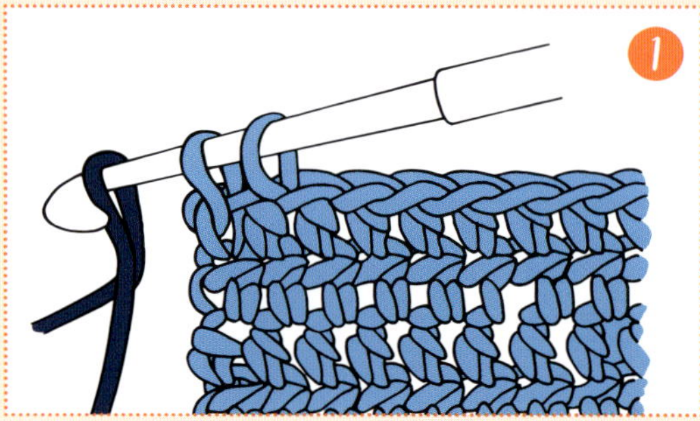

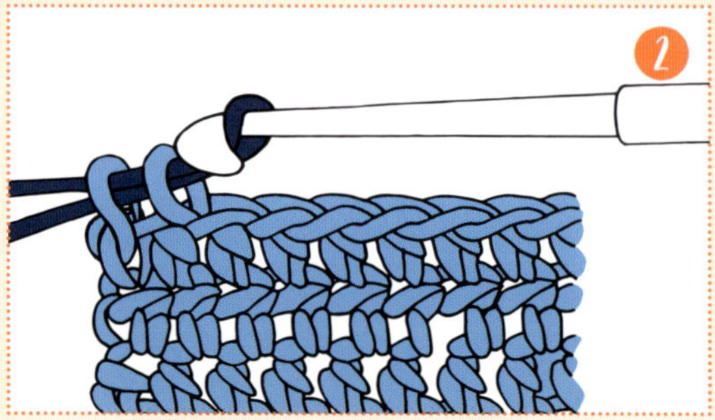

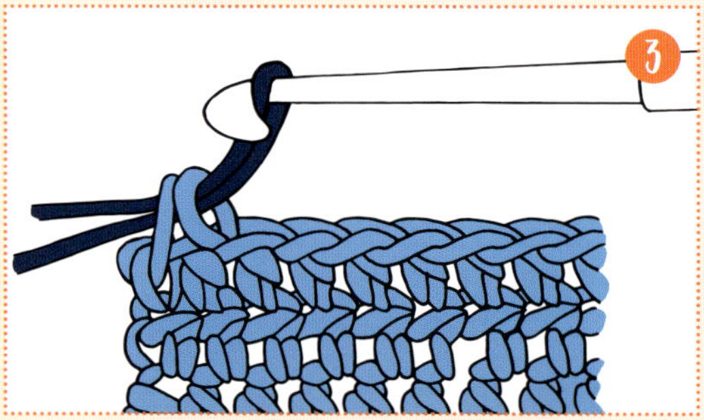

FARBWECHSEL IN REIHEN

1. Häkle deine Reihe bis zum Ende, masche deine letzte Masche jedoch nicht mit der alten Farbe, sondern mit der neuen Farbe ab. Dazu schlingst du die neue Farbe an...

2. ... und ziehst den Faden durch die letzten beiden Schlingen der letzten Masche.

3. Mit dieser neuen Farbe kann nun die erste Steigeluftmasche für die nächste Reihe gehäkelt werden.

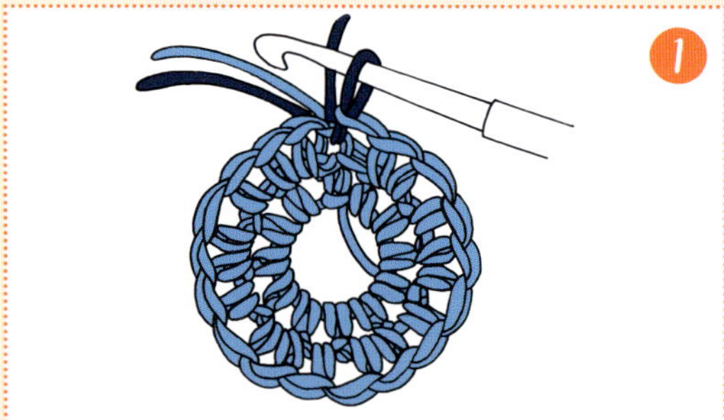

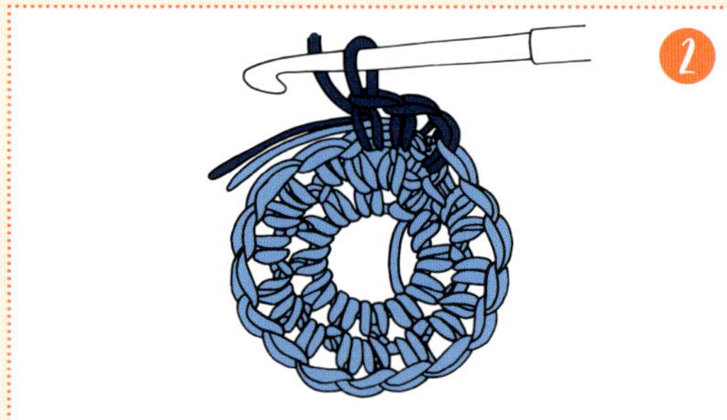

FARBWECHSEL IN RUNDEN

1. Schließe die Runde mit einer Kettmasche.

2. Die Runde ist nun sauber geschlossen.

3. Soll nun mit einer neuen Farbe weitergehäkelt werden, nimm den neuen Faden auf und bilde – je nach Art der Masche – eine (feste Maschen, halbe Stäbchen), zwei (Stäbchen) oder drei Luftmaschen (Doppel- oder Dreifachstäbchen).

4. Die erste Masche stichst du in die gleiche Einstichstelle wie die Luftmasche und die Kettmasche. Du hast die Runde nun ohne Versatz weitergehäkelt.

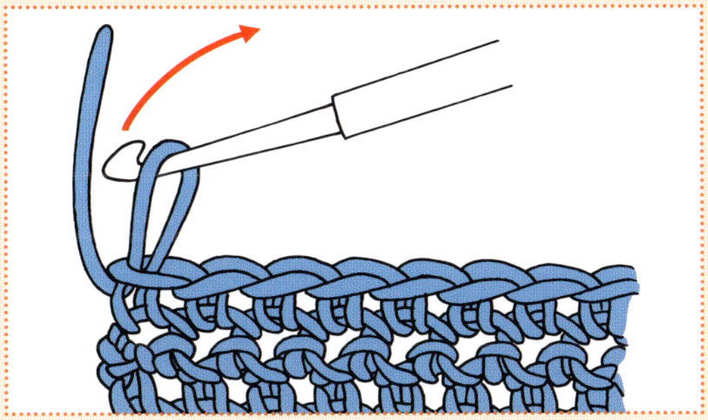

ARBEIT BEENDEN

Bist du am Ende deines Häkelstücks angekommen, schneide den Faden lang ab und ziehe ihn durch die letzte gehäkelte Masche. Nun können die Fäden vernäht werden.

KNÖTCHENSTICH

1. Den Faden mehrmals um die Nadel wickeln.

2. Dann in die Einstichstelle einstechen und den Faden fixieren.

3. So sieht der fertige Knötchenstich aus.

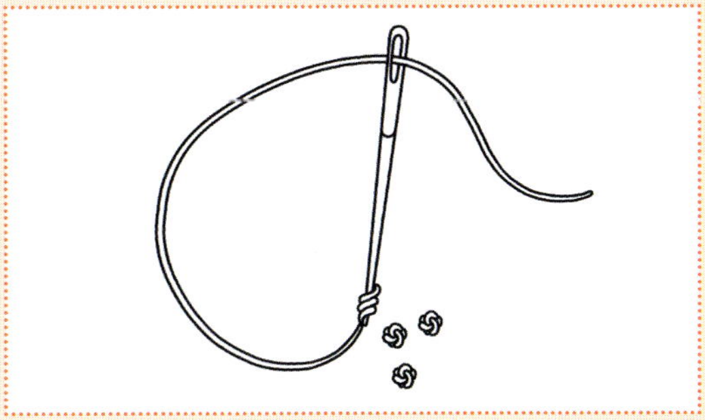

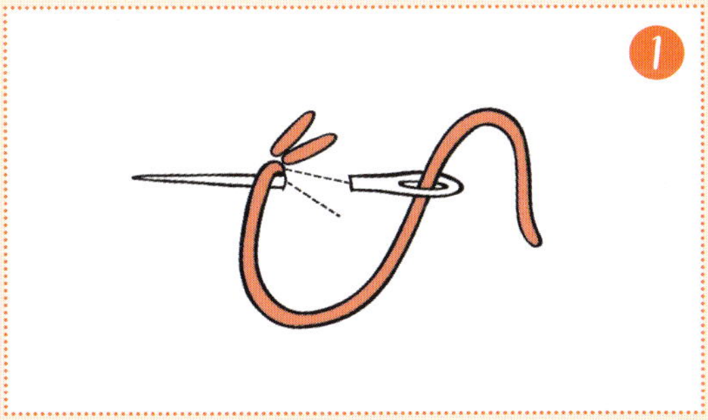

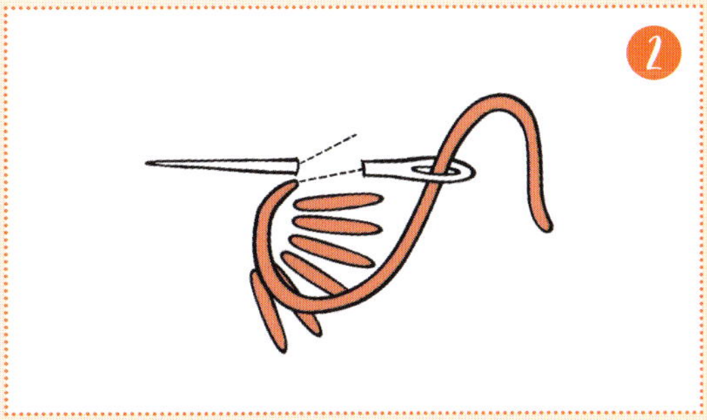

SPANNSTICH

1. Von rechts nach links einstechen und in der gewünschten Stichlänge wieder ausstechen.

2. Den Stich in einigem Abstand wiederholen. Darauf achten, dass die Stiche nicht zu lang werden.

MATERIALIEN

Die kleinen Tiere werden mit feinem Baumwollgarn, z. B. Schachenmayr Catania, und einer Nadel in Stärke 2,5 mm gehäkelt. Da die kleinen Dschungel-Minis nur wenig Wolle benötigen, eignen sie sich perfekt, um Wollreste zu verarbeiten. Möchtest du, dass dein Amigurumi größer ausfällt, nimm den Faden beim Häkeln doppelt und nutze eine 4,0-mm-Nadel. Für große Figuren häkle mit Chenillegarn und einer passenden Häkelnadel. Für kleinere Figuren nimm eine Häkelnadel in der Stärke 2.0 mm oder kleiner.

AUGEN

Die Augen der Dschungel-Minis werden mit Sicherheitsaugen oder Halbperlen gestaltet. Letztere werden mit Textilkleber aufgeklebt. Optional kannst du stattdessen auch Knötchenstiche aufsticken – das solltest du aus Sicherheitsgründen auf jeden Fall machen, wenn du dein Amigurumi an ein Kind verschenken willst. Da die Köpfe der Tiere sehr klein sind, kann es sein, dass die Stifte der Sicherheitsaugen nach dem Ausstopfen nach vorne gedrückt werden. Um das zu vermeiden, kannst du die Stifte einfach nach dem Einsetzen innen mit einer Zange kürzen.

TECHNIK

Alle Tiere werden – soweit nicht anders angegeben – in Spiralrunden gehäkelt.

AUSSTOPFEN

Die Köpfe und Körper der Minis werden mit Füllwatte ausgestopft. Nutze dazu z. B. ein Essstäbchen oder eine Pinzette. So kannst du das Füllmaterial besonders gleichmäßig verteilen. Kleinteile wie Arme, Beine oder Schwänze werden nicht ausgestopft. Optional kannst du hier Chenilledraht einführen, um die Körperteile beweglich und stabiler zu machen.

SCHWIERIGKEITSGRADE

Die Schwierigkeitsgrade geben an, wie schwer oder aufwendig ein Projekt ist. Vor allem für Häkelanfänger*innen sehr hilfreich.

♥♡♡ EINFACH

♥♥♡ MITTEL

♥♥♥ SCHWER

ABKÜRZUNGEN

abn = abnehmen
anschl = anschlagen
Fb = Farbe(n)
fM = feste Masche(n)
hStb = halbe(s) Stäbchen
ihM = ins hintere Maschenglied

Km = Kettmasche(n)
LL = Lauflänge
Lm = Luftmasche(n)
M = Masche(n)
MM = Maschenmarkierer
Nd = Nadel

R = Reihe(n)
Rd = Runde(n)
Stb = Stäbchen
wdh = wiederholen
zun = zunehmen
zus = zusammen

Die Ziffer in den Klammern ( ) zeigt an, wie viele M eine Rd oder R hat.
Der Teil einer Anleitung, der zwischen zwei Sternchen *...* steht, bedeutet, dass dieser Teil so oft wiederholt werden muss, wie dahinter angegeben ist.

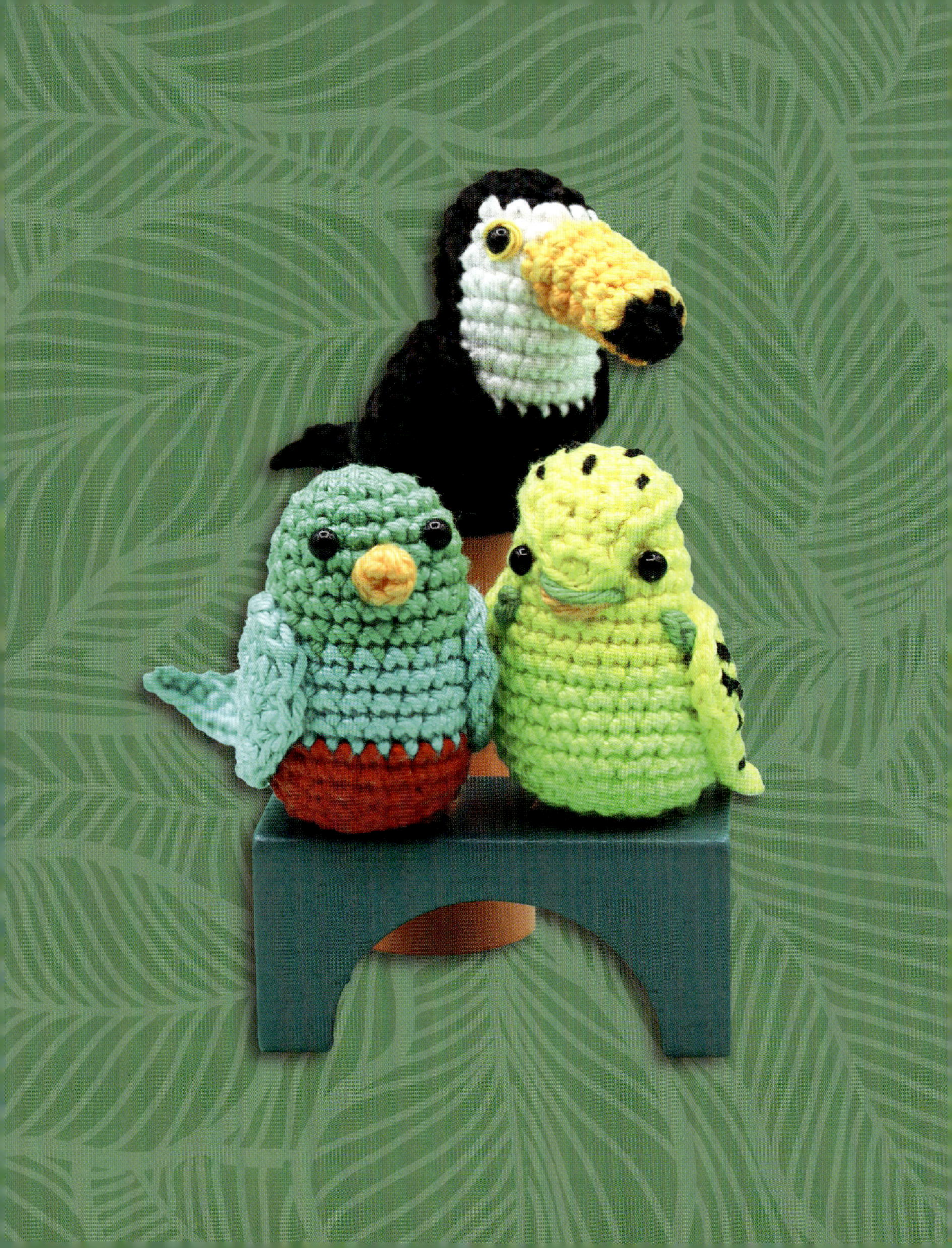

PROJEKTE

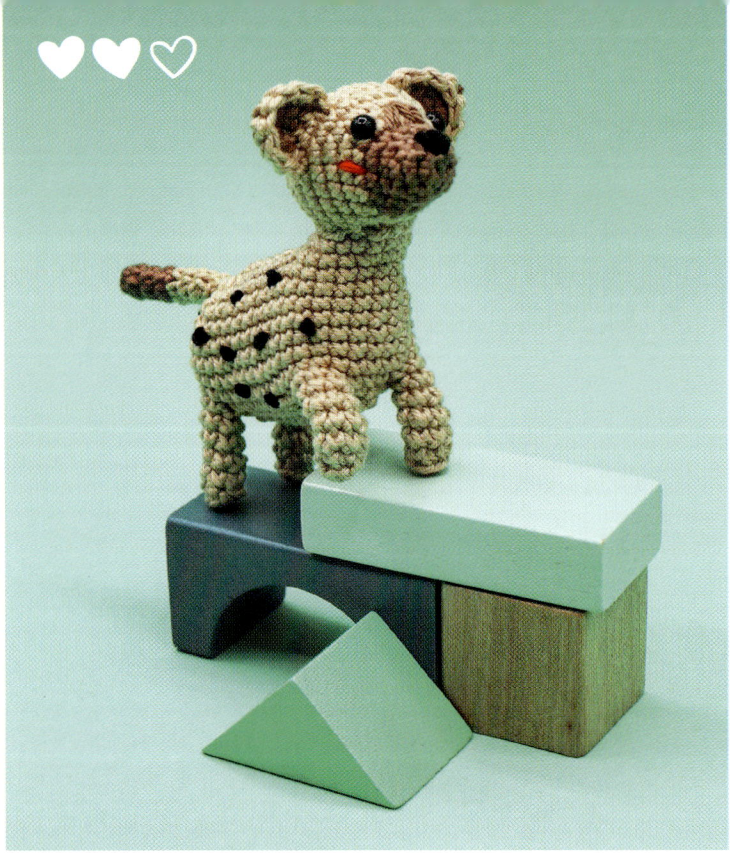

HYÄNE

GRÖSSE
7 x 8 cm

MATERIAL
Yarn & Colors Must Have (100 % Baumwolle, LL 125 m/50 g) in
- Teak (008)
- Limestone (009)
- Black (100)
- Pepper (032)

2 Sicherheitsaugen, 5 mm

KOPF (IN TEAK UND LIMESTONE)

Häkle in Rd. Beginne mit Teak.
3 Lm anschl und ab der 2. Lm von der Nd aus um die Lm-Kette herumhäkeln.
1. Rd: 1 fM, 3 fM in 1 M, 1 M zun (6 M).
2. Rd: *2 fM, 1 M zun*, von * bis * noch 1x wdh. (8 M).
3. Rd: 8 fM häkeln.
4. Rd: *1 fM, 1 M zun*, von * bis * noch 3x wdh (12 M).
5. Rd: *2 fM, 1 M zun*, von * bis * noch 3x wdh (16 M).
6. Rd: Fb-Wechsel zu Limestone, 16 fM.
Beim Häkeln der 7. Rd zwischen die 10. und 11. M und die 14. und 15. M jeweils einen Faden legen. Dort werden später die Sicherheitsaugen gesetzt.
7. Rd: *3 fM, 1 M zun*, von * bis * noch 3x wdh. (20 M).
8. Rd: *4 fM, 1 M zun*, von * bis * noch 3x wdh (24 M).
9. Rd: *5 fM, 1 M zun*, von * bis * noch 3x wdh (28 M).
10. Rd: 28 fM häkeln.
Je ein Sicherheitsauge an die zuvor markierten Stellen zwischen die 6. und 7. Rd setzen.
11. Rd: *5 fM, 1 M abn*, von * bis * noch 3x wdh (24 M).
12. Rd: *4 fM, 1 M abn*, von * bis * noch 3x wdh (20 M).
13. Rd: *3 fM, 1 M abn*, von * bis * noch 3x wdh (16 M).
14. Rd: *2 fM, 1 M abn*, von * bis * noch 3x wdh (12 M).
15. Rd: *1 fM, 1 M abn*, von * bis * noch 3x wdh (8 M).
Faden lang abschneiden, durch alle vorderen M-Glieder ziehen und festziehen. Lose Fäden vernähen. Mit Black mittig auf der Spitze der Schnauze die Nase aufsticken. Mit mehreren Spannstichen mit Teak die Schnauze mittig zwischen den Augen verlängern. Für die Wangen mit Pepper jeweils einen kurzen Spannstich unter jedes Auge sticken.

OHR (2X IN TEAK UND LIMESTONE)

Häkle in R. Beginne mit Teak.
2 Lm anschl und ab der 2. Lm von der Nd aus häkeln.
1. R: 6 hStb in 1 M.
2. R: Fb-Wechsel zu Limestone.
1 M zun, 4 fM, 1 M zun (8 M).
Faden lang abschneiden und damit die Ohren auf Höhe der 10. Rd an den Kopf nähen.

BEIN (4X IN LIMESTONE)

Häkle in Rd.
1. Rd: 6 fM in einen Fadenring häkeln (6 M).
2. Rd: 6 fM ihM häkeln.
3.–6. Rd: 6 fM häkeln.
Beim 1.–3. Bein den Faden abschneiden und vernähen. Das 4. Bein nicht abketten, es geht gleich mit der Verbindung weiter.

Verbindung der Beine

Markiere die 5. M der 6. Rd des Beins mit einem MM. Häkle 3 Lm, steche in 1 M der 6. Rd des 1. Beins ein und häkle 2 fM. Nicht abketten. 8 Lm anschl, steche in 1 M der 6. Rd des 2. Beins und häkle 2 fM. Häkle 3 Lm, steche in 1 M der 6. Rd des 3. Beins ein und häkle 2 fM. Nicht abketten. 8 Lm anschl, steche in die markierte M der 6. Rd des 4. Beins und häkle 1 fM. 1 fM in die nächste M. So alle Beine verbinden. Die Beine liegen dabei innen. Nicht abketten, sondern mit dem Bauch fortfahren.

BAUCH (IN LIMESTONE)

Häkle in Rd.
1. Rd: *3 fM in die Lm der Verbindung, 2 fM, 8 fM in die Lm der Verbindung, 2 fM*, von * bis * noch 1x wdh (30 M).
2. Rd: *1 M abn, 1 fM, 1 M abn, 10 fM*, von * bis * noch 1x wdh (26 M).
Faden lang abschneiden und damit die Lücke längs zusnähen.

KÖRPER (IN LIMESTONE)

Häkle in Rd. Bauch und Beine so umdrehen, dass die Unterseite des Bauchs nach oben und die Beine nach außen zeigen. Mit einer stehenden fM in die 1. freie M des linken Vorderbeins anschlingen. Gehäkelt wird in die freien fM der Beine und die Unterseite der Lm der Verbindung.
1. Rd: *4 fM, 3 fM in die Lm, 4 fM, 8 fM in die Lm*, von * bis * noch 1x wdh (38 M).
2.–4. Rd: 38 fM häkeln.
Beginne den Körper auszustopfen.
5. Rd: 18 fM, *2 fM, 1 M abn*, von * bis * noch 2x wdh, 8 fM (35 M).
6. Rd: 18 fM, *1 fM, 1 M abn*, von * bis * noch 2x wdh, 8 fM (32 M).
7. Rd: 18 fM, 3x 1 M abn, 8 fM (29 M).
8. Rd: 12 M überspringen, 1 fM in die 13. M der Vor-Rd (= Halsöffnung), 4 fM, 4x 1 M abn, 4 fM (13 M).
Faden lang abschneiden und damit die Lücke am Rücken schließen.

HALS (IN LIMESTONE)

Häkle in Rd. In der 1. M der Halsöffnung (Rücken) mit 1 stehenden fM anschlagen.
1. Rd: 5 fM, 3x 1 M zun, 5 fM (16 M).
2. Rd: 16 fM häkeln.
Faden lang abschneiden und damit den Kopf annähen.

SCHWANZ (IN TEAK UND LIMESTONE)

Häkle in Rd. Beginne mit Teak.
1. Rd: 5 fM in einen Fadenring häkeln (5 M).
2. Rd: 5 fM häkeln.
3. Rd: *1 fM, 1 M zun*, von * bis * noch 1x wdh, 1 fM (7 M).
4. Rd: 7 fM häkeln.
5.–7. Rd: Fb-Wechsel zu Limestone. 7 fM häkeln.
Den Schwanz zusdrücken und die M der 7. Rd mit 3 fM zushäkeln. Faden lang abschneiden und damit den Schwanz an das Hinterteil des Körpers nähen. Den gesamten Körper mit Knötchenstichen mit Black besticken.

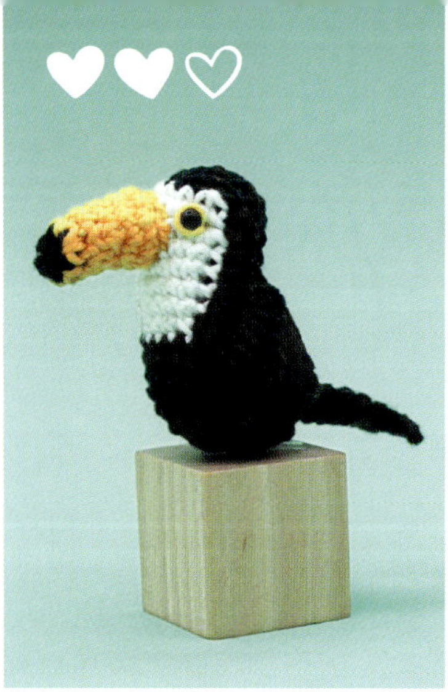

TUKAN

GRÖSSE
5 cm

MATERIAL
Schachenmayr Catania (100 % Baumwolle, LL 125 m/50 g) in
- Sonne (208)
- Mango (411)
- Weiß (106)
- Schwarz (110)

2 Sicherheitsaugen, 4 mm

KÖRPER (IN SCHWARZ UND WEISS)

Häkle in Rd. Beginne mit Schwarz.
1. Rd: 6 fM in einen Fadenring häkeln (6 M).
2. Rd: 6x 1 M zun (12 M).
3. Rd: *2 fM, 1 M zun*, von * bis * noch 1x wdh, Fb-Wechsel zu Weiß, *2 fM, 1 M zun*, von * bis * noch 1x wdh (16 M).
4. Rd: Fb-Wechsel zu Schwarz, 8 fM, Fb-Wechsel zu Weiß, 8 fM (16 M).
Beim Häkeln der 5. Rd zwischen die 11. und 12. M und die 16. und 17. M jeweils einen Faden legen. Dort werden später die Sicherheitsaugen gesetzt.
5. Rd: Fb-Wechsel zu Schwarz, 7 fM, 1 M zun, Fb-Wechsel zu Weiß, 7 fM, 1 M zun (18 M).
6.–9. Rd: Fb-Wechsel zu Schwarz, 9 fM, Fb-Wechsel zu Weiß, 9 fM (18 M).
10. Rd: Fb-Wechsel zu Schwarz, 3 fM, 4x 1 M zun, 3 fM, Fb-Wechsel zu Weiß, 7 fM, Fb-Wechsel zu Schwarz, 1 fM (22 M).
11.–12. Rd: 22 fM häkeln.
Je ein Sicherheitsauge an die zuvor markierten Stellen zwischen die 4. und 5. Rd setzen.
13. Rd: 4 fM, *2 fM, 1 M zun*, von * bis * noch 1x wdh, 12 fM (24 M).
14. Rd: 24 fM häkeln.
15. Rd: 4 fM, *3 fM, 1 M zun*, von * bis * noch 1x wdh, *4 fM, 1 M abn*, von * bis * noch 1x wdh (24 M).
16. Rd: *2 fM, 1 M abn*, von * bis * noch 1x wdh, 2 fM, 1 M zun, *2 fM, 1 M abn*, von * bis * noch 2x wdh, 1 fM (20 M).
Beginne den Körper auszustopfen.
17. Rd: *2 fM, 1 M abn*, von * bis * noch 4x wdh (15 M).
18. Rd: *1 fM, 1 M abn*, von * bis * noch 4x wdh (10 M).
Faden lang abschneiden, durch alle vorderen M-Glieder ziehen und festziehen. Lose Fäden vernähen. Die Augen jeweils rundherum in Sonne besticken.

SCHNABEL (IN SCHWARZ, SONNE UND MANGO)

Häkle in Rd. Beginne mit Schwarz.
1. Rd: 6 fM in einen Fadenring häkeln (6 M).
2. Rd: Fb-Wechsel zu Mango, 2 fM, 1 M zun, Fb-Wechsel zu Sonne, 2 fM, 1 M zun (8 M).
3. Rd: Fb-Wechsel zu Mango, 4 fM, Fb-Wechsel zu Sonne, 4 fM (8 M).
4. Rd: Fb-Wechsel zu Mango, 3 fM, 1 M zun, Fb-Wechsel zu Sonne, 3 fM, 1 M zun (10 M).
5.–6. Rd: Fb-Wechsel zu Mango, 4 fM, 1 M zun, Fb-Wechsel zu Sonne, 4 fM, 1 M zun (12 M).
Faden lang abschneiden. Den Schnabel mit etwas Füllwatte ausstopfen und mittig zwischen den Augen auf Höhe der 4. Rd an den Kopf nähen.

SCHWANZ (IN SCHWARZ)

Häkle in Rd.
1. Rd: Bilde einen Fadenring mit langem Anfangsfaden, 6 fM in den Ring häkeln (6).
2.–3. Rd: 6 fM häkeln.
4. Rd: *2 fM, 1 M zun*, von * bis * noch 1x wdh (8 M).
5. Rd: 8 fM häkeln.
Den Schwanz zusdrücken und die M der 5. Rd mit 4 fM zushäkeln. 1 Lm, wenden.
Ab hier weiter in R häkeln.
1. R: 1 M zun, 2 fM, 1 M zun (6 M).
2. R: 2 fM, 2 Km, 2 fM (6 M).
Faden abschneiden und vernähen. Den Schwanz mit dem Anfangsfaden auf Höhe der 14. Rd an den Körper nähen.

FLÜGEL (2X IN SCHWARZ)

Häkle in R. 3 Lm anschl und ab der 2. Lm von der Nd aus häkeln.
1. R: 2x 1 M zun (4 M).
2.–4. R: 4 fM häkeln.
5. R: 1 M abn, 2 fM (3 M).
6. R: 1 M abn, 1 fM (2 M).
7. R: 1 M abn (1 M).
8. R: 1 fM häkeln.
Nicht abketten. Den Flügel mit 1 Rd fM umhäkeln. Faden lang abschneiden und damit den Flügel rechts bzw. links an den Körper nähen.

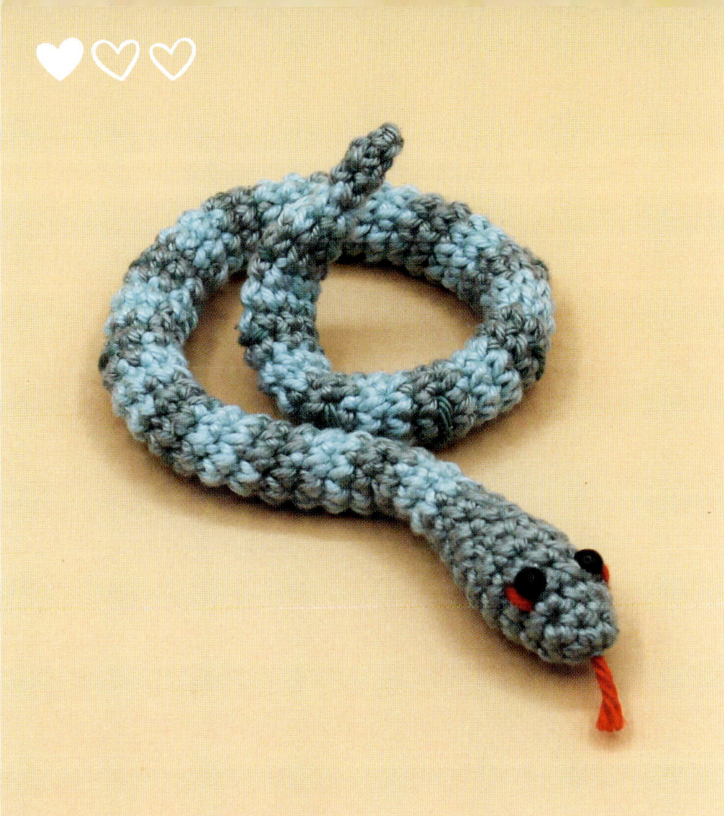

ANAKONDA

GRÖSSE
24 cm

MATERIAL
Yarn & Colors Must Have (100 % Baumwolle, LL 125 m/50 g) in
- Jade Gravel (073)
- Eucalyptus (080)
- Aventurine (079)
- Pepper (032).

Sicherheitsaugen, 4 mm
Chenilledraht, ca. 25 cm

Hinweis: Die Anakonda wird nur am Kopf mit Füllwatte ausgestopft.

KOPF UND KÖRPER (IN JADE GRAVEL UND EUCALYPTUS)

Häkle in Rd. Beginne mit Eucalyptus.
1. Rd: 6 fM in einen Fadenring häkeln (6 M).
2. Rd: 6 fM häkeln.
3. Rd: *1 fM, 1 M zun*, von * bis * noch 2x wdh (9 M).
4. Rd: *2 fM, 1 M zun*, von * bis * noch 2x wdh (12 M).
5.–6. Rd: 12 fM häkeln.
Beginne den Kopf auszustopfen.
7. Rd: *1 fM, 1 M abn*, von * bis * noch 3x wdh (8 M).
8.–9. Rd: 8 fM häkeln.
Die Augen zwischen 4. und 5. Rd mit 2 M Abstand befestigen.
10.–11. Rd: Fb-Wechsel zu Jade Gravel, 8 fM häkeln.
12.–13. Rd: Fb-Wechsel zu Eucalyptus, 8 fM häkeln.
Die 10. und 13. Rd wdh, bis 63 Rd erreicht sind. Chenilledraht einführen.
64. Rd: Fb-Wechsel zu Jade Gravel, 4x 1 M abn (4 M).
65. Rd: 4 fM häkeln.
66.–67. Rd: Fb-Wechsel zu Eucalyptus, 4 fM häkeln.
Faden lang abschneiden, durch alle vorderen M-Glieder ziehen und festziehen. Über die Rd mit Jade je einen Spannstich mit Aventurine sticken. Mit Pepper einen ca. 1 cm langen Faden vorne für die Zunge anknüpfen. Unter den Augen jeweils einen kurzen Spannstich mit Pepper für die Wangen aufsticken.

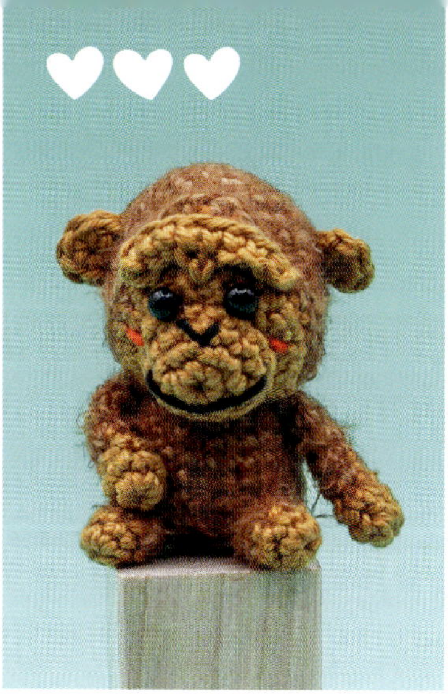

ORANG-UTAN

GRÖSSE
5 cm

MATERIAL
Schachenmayr Catania (100 % Baumwolle, LL 125 m/50 g) in
› Zimt (383)
› Tomate (390)
› Schwarz (110).
Woll Butt Maya (63 % Polyamid, 37 % Schurwolle, LL 130/50 g) in
› Nougat (12919)
2 Halbperlen, 5 mm

KOPF UND KÖRPER (IN NOUGAT)

Häkle in Rd.
1. Rd: 6 fM in einen Fadenring häkeln (6 M).
2. Rd: 6x 1 M zun (12 M).
3. Rd: *1 fM, 1 M zun*, von * bis * noch 5x wdh (18 M).
4. Rd: 18 fM häkeln.
5. Rd: *2 fM, 1 M zun*, von * bis * noch 5x wdh (24 M).
6.–8. Rd: 24 fM häkeln.
9. Rd: *3 fM, 1 M zun*, von * bis * noch 5x wdh (30 M).
10. Rd: 30 fM häkeln.
11. Rd: *3 fM, 1 M abn*, von * bis * noch 5x wdh (24 M).
12. Rd: *2 fM, 1 M abn*, von * bis * noch 5x wdh (18 M).
Beginne mit dem Ausstopfen.
13. Rd: *1 fM, 1 M abn*, von * bis * noch 5x wdh (12 M).
14. Rd: *2 fM, 1 M zun*, von * bis * noch 3x wdh (16 M).
15. Rd: *3 fM, 1 M zun*, von * bis * noch 3x wdh (20 M).
16. Rd: *4 fM, 1 M zun*, von * bis * noch 3x wdh (24 M).
17.–19. Rd: 24 fM häkeln.
20. Rd: *2 fM, 1 M abn*, von * bis * noch 5x wdh (18 M).
21. Rd: *1 fM, 1 M abn*, von * bis * noch 5x wdh (12 M).
22. Rd: 6x 1 M abn (6 M).
Faden lang abschneiden, durch alle vorderen M-Glieder ziehen und festziehen. Lose Fäden vernähen.

GESICHT (IN ZIMT UND NOUGAT)

Häkle in Rd. Beginne mit Zimt.
1. Rd: 6 fM in einen Fadenring häkeln (6 M).
2. Rd: 6x 1 M zun (12 M).
3. Rd: *5 fM, 1 M zun*, von * bis * noch 1x wdh (14 M).
4. Rd: 14 fM häkeln.
5. Rd: alles ihM, 3x 1 M zun, 1 Lm, wenden (6 M).
Ab hier weiter in R häkeln.
6. R: 6 fM, 4 fM ihM, 3x 1 M zun ihM, 1 Lm, wenden (16 M).
7. R: 6 fM, 1 Km, 1 Lm, 4 fM, 1 Lm, wenden (12 M).
8. R: 4 fM, 1 Lm, wenden (4 M).
9. R: 2x 1 M abn (2 M).
Faden abschneiden und vernähen. Die obere Kante mit fM in Nougat umhäkeln. Dazu in der 1. M der 7. R mit 1 stehenden fM anschlingen und in der letzten M der 7. R enden. In die M der 9. R jeweils 1 M zun. Faden lang abschneiden.
In Schwarz Mund und Nase aufsticken. In Tomate die Wangen aufsticken. Die 1.–3. Rd mit Füllwatte ausstopfen und das Gesicht annähen. Die Halbperlen als Augen aufkleben.

AUGENBRAUE (IN ZIMT)

9 Lm anschl und ab der 2. Lm von der Nd aus 8 fM häkeln. Faden lang abschneiden und damit die Augenbraue über den Augen annähen. Die mittleren M mit einem Spannstich etwas nach unten ziehen, sodass zwei Bögen entstehen.

OHR (2X IN ZIMT)

2 Lm anschl und 6 fM in die 2. Lm von der Nd aus häkeln. Faden lang abschneiden und damit die Ohren auf Höhe der 5. Rd an den Kopf nähen.

ARM (2X IN ZIMT UND NOUGAT)

Häkle in Rd. Beginne mit Zimt.
1. Rd: 6 fM in einen Fadenring häkeln (6 M).
2.–3. Rd: 6 fM häkeln.
4.–7. Rd: Fb-Wechsel zu Nougat, 6 fM häkeln.
Den Arm zusdrücken und die M der 7. Rd mit 2 fM zushäkeln. Faden lang abschneiden und damit den Arm direkt unterhalb des Kopfs an den Körper nähen.

BEIN (2X IN ZIMT UND NOUGAT)

Häkle in Rd. Beginne mit Zimt.
1. Rd: 6 fM in einen Fadenring häkeln (6 M).
2. Rd: 6 fM häkeln.
3.–4. Rd: Fb-Wechsel zu Nougat, 6 fM häkeln.
Faden lang abschneiden. Damit die Beine auf Höhe der 19. Rd an den Körper nähen.

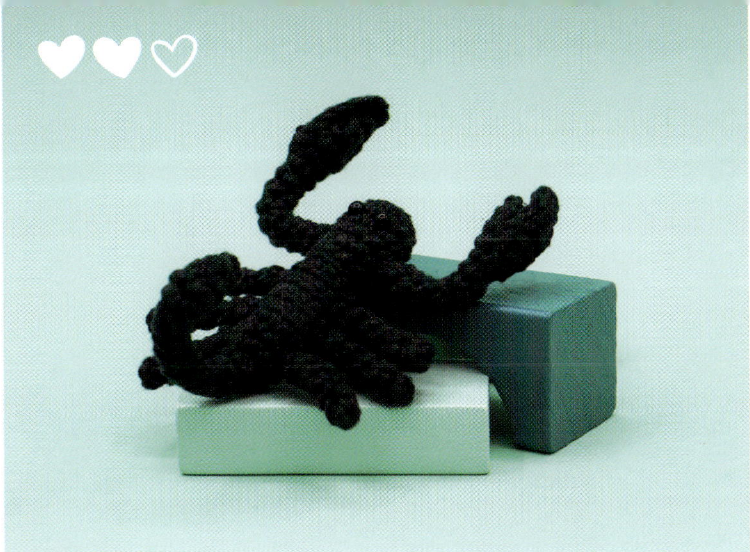

SKORPION

GRÖSSE
9 cm

MATERIAL
Yarn & Colors Must Have (100 % Baumwolle, LL 125 m/50 g) in
› Anthracite (099)
2 Sicherheitsaugen, 4 mm
Chenilledraht, ca. 12 cm

Hinweis: Der Skorpion wird nur bis zur 15. Rd mit Füllwatte ausgestopft.

KÖRPER

Häkle in Rd. 4 Lm anschl und ab der 2. Lm von der Nd aus um die Lm-Kette herumhäkeln.
1. Rd: 2 fM, 3 fM in 1 M, 1 fM, 1 M zun (8 M).
2. Rd: *3 fM, 3 fM in 1 M*, von * bis * noch 1x wdh (12 M).
3.–7. Rd: 12 fM häkeln.
Die Augen zwischen 3. und 4. Rd mit 2 M Abstand befestigen.
8.–12. Rd: 12 fM ihM.
13. Rd: *2 fM, 1 M abn*, von * bis * noch 2x wdh (9 M).
Beginne den Körper auszustopfen.
14. Rd: 9 fM häkeln.
15. Rd: *1 fM, 1 M abn*, von * bis * noch 2x wdh (6 M).
17.–22. Rd: 6 fM ihM.
23. Rd: *1 fM, 1 M zun*, von * bis * noch 2x wdh (9 M).
24. Rd: 9 fM häkeln.
25. Rd: *1 fM, 1 M abn*, von * bis * noch 2x wdh (6 M).
Chenilledraht einführen.
26. Rd: 3x 1 M abn (3 M).
Faden lang abschneiden, durch alle vorderen M-Glieder ziehen und festziehen. Lose Fäden vernähen. Den Schwanz (15.–26. Rd) nach oben biegen.

SCHERE (2X)

Häkle in Rd.
1. Rd: 5 fM in einen Fadenring häkeln (5 M).
2.–8. Rd: 5 fM häkeln.
Chenilledraht einführen.
9. Rd: *1 fM, 1 M zun*, von * bis * noch 1x wdh, 1 fM (7 M).
10. Rd: 7 fM häkeln.
11. Rd: *1 fM, 1 M abn*, von * bis * noch 1x wdh, 1 fM (5 M).
12. Rd: 2x 1 M abn, die letzte M bleibt frei (2 M).
Faden abschneiden und vernähen.
Für die Außenseite der Scheren 2 Lm anschl und ab der 2. Lm von der Nd aus in R wie folgt häkeln:
1. R: 1 fM häkeln.
2. R: 1 M zun (2 M).
3. R: 2x 1 M zun (4 M).
4. R: 4 fM häkeln.
5. R: 2x 1 M abn (2 fM).
6. Rd: 1 M abn (1 M).
Nicht abketten. Mit 1 Rd fM umhäkeln. Faden lang abschneiden und damit die Außenseite auf Höhe der 8. Rd an die Schere nähen. Die fertige Schere auf Höhe der 5. Rd an den Körper nähen. Die Augen liegen mittig zwischen den Scheren.

BEINE (6X)

Häkle in Rd.
1. Rd: 4 fM in einen Fadenring häkeln (4 M).
2.–6. Rd: 4 fM häkeln.
Faden lang abschneiden und damit die Beine rechts und links an den Körper nähen.

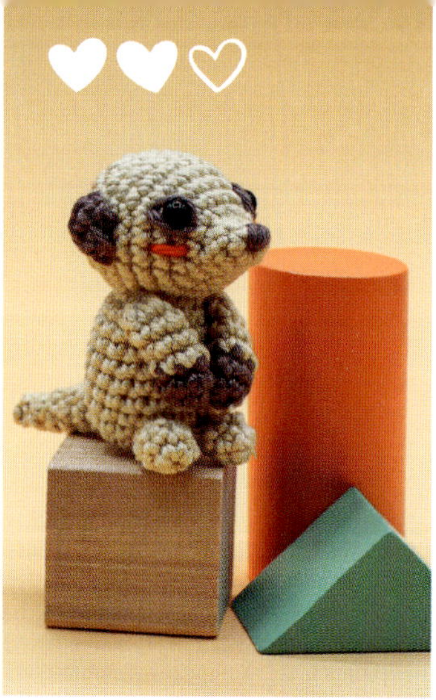

ERD-MÄNNCHEN

GRÖSSE
5 cm

MATERIAL
Schachenmayr Catania (100 % Baumwolle, LL 125 m/50 g) in
- Sand (404)
- Teddy (161)
- Tomate (390)

Sicherheitsaugen, 5 mm

KOPF (IN SAND)

Häkle in Rd.
1. Rd: 6 fM in einen Fadenring häkeln (6 M).
2. Rd: 6 fM häkeln.
3. Rd: *2 fM, 1 M zun*, von * bis * noch 1x wdh (8 M).
4. Rd: *1 fM, 1 M zun*, von * bis * noch 3x wdh (12 M).
5. Rd: *2 fM, 1 M zun*, von * bis * noch 3x wdh (16 M).
6. Rd: *3 fM, 1 M zun*, von * bis * noch 3x wdh (20 M).
7. Rd: *4 fM, 1 M zun*, von * bis * noch 3x wdh (24 M).
8.–10. Rd: 24 fM häkeln.
Die Augen zwischen 5. und 6. Rd mit 5 M Abstand befestigen.
11. Rd: *4 fM, 1 M abn*, von * bis * noch 3x wdh (20 M).
12. Rd: *3 fM, 1 M abn*, von * bis * noch 3x wdh (16 M).
Beginne den Kopf auszustopfen.
13. Rd: *2 fM, 1 M abn*, von * bis * noch 3x wdh (12 M).
14. Rd: *1 fM, 1 M abn*, von * bis * noch 3x wdh (8 M).
Faden lang abschneiden, durch alle vorderen M-Glieder ziehen und festziehen. Die Augen oben und unten mit jeweils einem Spannstich in Teddy besticken. Auf die Spitze (1. Rd) in Teddy die Nase aufsticken. Für die Wangen in Tomate unter jedes Auge einen kurzen Spannstich setzen.

OHR (2X IN TEDDY)

2 Lm anschl und 5 fM in die 2. Lm von der Nd aus häkeln. Nach außen umstülpen. Faden lang abschneiden und damit die Ohren auf Höhe der 10. Rd an den Kopf nähen.

KÖRPER (IN SAND)

Häkle in Rd.
1. Rd: 6 fM in einen Fadenring häkeln (6 M).
2. Rd: 6x 1 M zun (12 M).
3. Rd: *1 fM, 1 M zun*, von * bis * noch 5x wdh (18 M).
4.–10. Rd: 18 fM häkeln.
11. Rd: *4 fM, 1 M abn*, von * bis * noch 2x wdh (15 M).
Faden lang abschneiden. Den Körper ausstopfen. Den Kopf annähen.

ARM (2X IN TEDDY UND SAND)

Häkle in Rd. Beginne mit Teddy.
1. Rd: 6 fM in einen Fadenring häkeln (6 M).
2. Rd: 6 fM häkeln.
3.–5. Rd: Fb-Wechsel zu Sand, 6 fM.
Den Arm zusdrücken und die M der 5. Rd mit 2 fM zushäkeln. Faden lang abschneiden und damit die Arme direkt unterhalb des Kopfs so an den Körper nähen, dass die Pfoten vorne zus sind.

BEIN (2X IN SAND)

Häkle in Rd.
1. Rd: 6 fM in einen Fadenring häkeln (6 M).
2.–3. Rd: 6 fM häkeln.
Faden lang abschneiden. Damit die Beine auf Höhe der 4. Rd an den Körper nähen.

SCHWANZ (IN SAND)

Häkle in Rd.
1. Rd: Bilde einen Fadenring mit langem Anfangsfaden, 6 fM in den Ring häkeln (6 M).
2.–3. Rd: 6 fM häkeln.
4. Rd: *1 fM, 1 M abn*, von * bis * noch 1x wdh (4 M).
5.–6. Rd: 4 fM häkeln.
Faden lang abschneiden, durch alle vorderen M-Glieder festziehen. Faden vernähen. Den Schwanz mit dem Anfangsfaden auf Höhe des 3. Rd hinten an den Körper nähen.

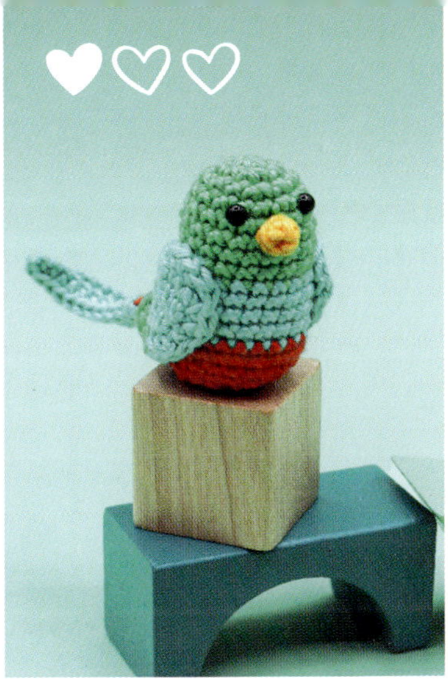

QUETZAL

GRÖSSE
5 cm

MATERIAL
Scheepjes Catone (100 % Baumwolle, LL 125 m/50 g) in
- Poppy Rose (390)
- Jade (514)
- Parrot Green (241)
- Sweet Orange (411)

2 Sicherheitsaugen, 4 mm

KÖRPER (IN PARROT GREEN, JADE, POPPY ROSE)

Häkle in Rd. Beginne mit Parrot Green.
1. Rd: 6 fM in einen Fadenring häkeln (6 M).
2. Rd: 6x 1 M zun (12 M).
3. Rd: *2 fM, 1 M zun*, von * bis * noch 3x wdh (16 M).
4. Rd: 16 fM häkeln.
Beim Häkeln der 5. Rd zwischen die 7. und 8. M und die 13. und 14. M jeweils einen Faden legen.
5. Rd: * 7 fM, 1 M zun*, von * bis * noch 1x wdh (18 M).
6.–8. Rd: 18 fM häkeln.
9. Rd: Fb-Wechsel zu Jade, 18 fM häkeln.
10. Rd: 4x 1 M zun, 14 fM (22 M).
11.–12. Rd: 22 fM häkeln.
Je ein Sicherheitsauge an die zuvor markierten Stellen zwischen die 4. und 5. Rd setzen.
13. Rd: Fb-Wechsel zu Poppy Rose, *2 fM, 1 M zun*, von * bis * noch 1x wdh, 16 fM (24 M).
14. Rd: 24 fM häkeln.
15. Rd: *3 fM, 1 M zun*, von * bis * noch 1x wdh, *4 fM, 1 M abn*, von * bis * noch 1x wdh, 4 fM (24 M).
16. Rd: 2 fM, 1 M abn, 2 fM, 1 M zun, *2 fM, 1 M abn*, von * bis * noch 3x wdh, 1 fM (20 M).
Beginne den Körper auszustopfen.
17. Rd: *2 fM, 1 M abn*, von * bis * noch 4x wdh (15 M).
18. Rd: *1 fM, 1 M abn*, von * bis * noch 4x wdh (10 M).
Faden lang abschneiden, durch alle vorderen M-Glieder festziehen. Lose Fäden vernähen.

SCHNABEL (IN SWEET ORANGE)

2 Lm anschl und 4 fM in die 2. Lm von der Nd aus häkeln. Faden lang abschneiden, durch die 1. M ziehen und festziehen. Die M nach oben zusfalten. Den Schnabel 1 Rd unterhalb der Augen mittig annähen.

SCHWANZ (IN POPPY ROSE UND JADE)

Häkle in Rd. Beginne mit Poppy Rose.
1. Rd: Bilde einen Fadenring mit langem Anfangsfaden, 6 fM in den Ring häkeln (6 M).
2.–3. Rd: 6 fM häkeln.
4. Rd: *2 fM, 1 M zun*, von * bis * noch 1x wdh (8 M).
5.–6. Rd: 8 fM häkeln.
7. Rd: Fb-Wechsel zu Jade, 8 fM häkeln.
Den Schwanz zusdrücken und die M der 7. Rd mit 4 fM zushäkeln. *Nicht abketten. 11 Lm anschl und mit 10 fM ab der 2. Lm von der Nd aus behäkeln.* 1 Km in die 3. fM der Vor-R. Von * bis * 1x wdh, 1 Km in die 1. fM der Vor-R. Faden abschneiden und vernähen. Den Schwanz mit dem Anfangsfaden auf Höhe der 14. Rd hinten an den Körper nähen.

FLÜGEL (2X IN JADE UND PARROT GREEN)

Häkle in R. Beginne mit Jade. 3 Lm anschl und ab der 2. Lm von der Nd aus häkeln.
1. Rd: 2x 1 M zun (4 M).
2.–5. Rd: 4 fM häkeln.
6. R: 1 M abn, 2 fM (3 M).
7. R: Fb-Wechsel zu Parrot Green, 1 fM, 1 M abn (2 M).
8. R: 2 fM häkeln.
9. R: 1 M abn (1 M).
10. R: 1 fM häkeln.
Nicht abketten. Mit 1 Rd fM umhäkeln. Wechsle dabei passend die Fb. In die beiden M der Anfangs-Lm-Kette jeweils 1 M zun. Faden abschneiden und vernähen. Die Flügel rechts und links an den Körper nähen.

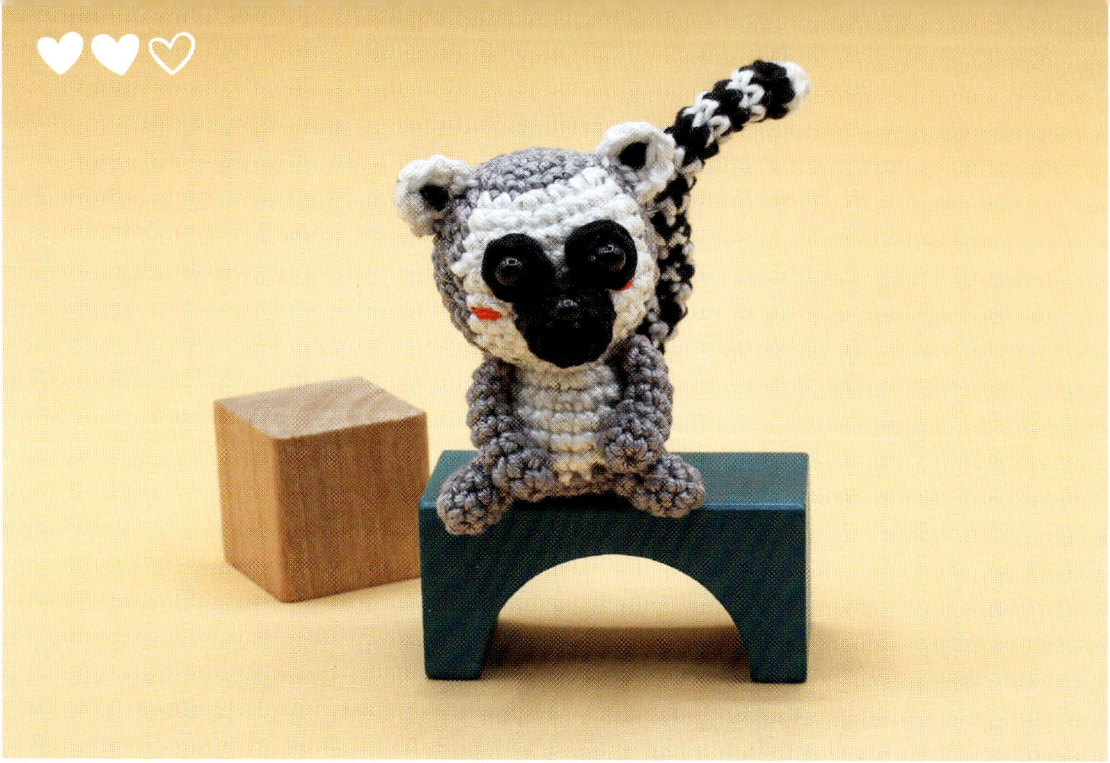

LEMUR

GRÖSSE
6 cm

MATERIAL
Schachenmayr Catania (100 % Baumwolle, LL 125 m/50 g) in
- Rauchgrau (435)
- Weiß (106)
- Schwarz (110)
- Tomate (390)

2 Halbperlen, 5 mm
1 Halbperle, 4 mm
Chenilledraht, ca. 8 cm

KOPF UND KÖRPER (IN RAUCHGRAU UND WEISS)

Häkle in Rd. Beginne mit Rauchgrau.

1. Rd: 6 fM in einen Fadenring häkeln (6 M).

2. Rd: 6x 1 M zun (12 M).

3. Rd: *1 fM, 1 M zun*, von * bis * noch 5x wdh (18 M).

4. Rd: Fb-Wechsel zu Weiß, *2 fM, 1 M zun*, von * bis * noch 1x wdh, Fb-Wechsel zu Rauchgrau, *2 fM, 1 M zun*, von * bis * noch 3x wdh (24 M).

Fb-Wechsel zu Weiß.

5. Rd: 8 fM, Fb-Wechsel zu Rauchgrau, 16 fM (24 M).

6. Rd: Fb-Wechsel zu Weiß, *3 fM, 1 M zun*, von * bis * noch 1x wdh, Fb-Wechsel zu Rauchgrau, *3 fM, 1 M zun*, von * bis * noch 3x wdh (30 M).

7.–10. Rd: Fb-Wechsel zu Weiß, 10 fM, Fb-Wechsel zu Rauchgrau, 20 fM (30 M).

11. Rd: Fb-Wechsel zu Weiß, *3 fM, 1 M abn*, von * bis * noch 1x wdh, Fb-Wechsel zu Rauchgrau, *3 fM, 1 M abn*, von * bis * noch 3x wdh (24 M).

12. Rd: Fb-Wechsel zu Weiß, *2 fM, 1 M abn*, von * bis * noch 1x wdh, Fb-Wechsel zu Rauchgrau, *2 fM, 1 M abn*, von * bis * noch 3x wdh (18 M).

Beginne mit dem Ausstopfen.

13. Rd: Fb-Wechsel zu Weiß, *1 fM, 1 M abn*, von * bis * noch 1x wdh, Fb-Wechsel zu Rauchgrau, *1 fM, 1 M abn*, von * bis * noch 3x wdh (12 M).

14. Rd: Fb-Wechsel zu Weiß, 2 fM, 1 M zun, 1 fM, Fb-Wechsel zu Rauchgrau, 1 fM, 1 M zun, *2 fM, 1 M zun*, von * bis * noch 1x wdh (16 M).
15. Rd: Fb-Wechsel zu Weiß, 3 fM, 1 M zun, 1 fM, Fb-Wechsel zu Rauchgrau, 2 fM, 1 M zun, *3 fM, 1 M zun*, von * bis * noch 1x wdh (20 M).
16. Rd: Fb-Wechsel zu Weiß, 4 fM, 1 M zun, 1 fM, Fb-Wechsel zu Rauchgrau, 3 fM, 1 M zun, *4 fM, 1 M zun*, von * bis * noch 1x wdh (24 M).
17.–19. Rd: 1 fM, Fb-Wechsel zu Weiß, 5 fM, Fb-Wechsel zu Rauchgrau, 18 fM (24 M).
20. Rd: *2 fM, 1 M abn*, von * bis * noch 5x wdh (18 M).
21. Rd: *1 fM, 1 M abn*, von * bis * noch 5x wdh (12 M).
22. Rd: 6x 1 M abn (6 M).
Faden lang abschneiden, durch alle vorderen M-Glieder ziehen und festziehen. Lose Fäden vernähen.

SCHNAUZE (IN SCHWARZ)

Häkle in Rd.
1. Rd: 6 fM in einen Fadenring häkeln (6 M).
2. Rd: *1 fM, 1 M zun*, von * bis * noch 2x wdh (9 M).
3. Rd: 9 fM häkeln.
4. Rd: *2 fM, 1 M zun*, von * bis * noch 2x wdh (12 M).
Faden lang abschneiden. Für die Nase auf 1 M der 1. Rd eine Halbperle (4 mm) kleben. Mit etwas Füllwatte ausstopfen und auf Höhe der 8. Rd mittig auf der weißen Fläche an den Kopf nähen.

AUGE (2X IN SCHWARZ)

Häkle in Rd. 6 hStb in einen Fadenring häkeln. Die Rd mit 1 Km in die 1. M beenden. Faden lang abschneiden. Die Augen direkt oberhalb der Schnauze mit 1 M Abstand aufnähen. Auf jedes Auge eine Halbperle (5 mm) aufkleben. Unter jedes Auge in Tomate einen kurzen Spannstich für die Wange aufsticken.

OHR (2X IN WEISS)

2 Lm anschl und 4 Stb in die 2. Lm von der Nd aus häkeln. Faden lang abschneiden. In Schwarz ein kleines Dreieck mittig in jedes Ohr sticken. Die Ohren auf Höhe der 4. Rd an den Kopf nähen.

ARM (2X IN RAUCHGRAU)

Häkle in Rd.
1. Rd: 6 fM in einen Fadenring häkeln (6 M).
2.–7. Rd: 6 fM häkeln.
Den Arm zusdrücken und die M der 7. Rd mit 2 fM zushäkeln. Faden lang abschneiden und damit den Arm direkt unterhalb des Kopfs an den Körper nähen.

BEIN (2X IN RAUCHGRAU)

Häkle in Rd.
1. Rd: 6 fM in einen Fadenring häkeln (6 M).
2.–4. Rd: 6 fM häkeln.
Faden lang abschneiden. Damit die Beine auf Höhe der 18. Rd an den Körper nähen.

SCHWANZ (IN SCHWARZ UND WEISS)

Häkle in Rd. Beginne mit Weiß.
1. Rd: 6 fM in einen Fadenring häkeln (6 M).
2. Rd: 6 fM ihM.
3. Rd: Fb-Wechsel zu Schwarz, 6 fM häkeln.
4. Rd: Fb-Wechsel zu Weiß, 6 fM häkeln.
Die 3. und 4. Rd wdh, bis 23 Rd erreicht sind. Chenilledraht einführen. Faden lang abschneiden und damit den Schwanz auf Höhe der 18. Rd hinten an den Körper nähen. Den Schwanz leicht S-förmig biegen.

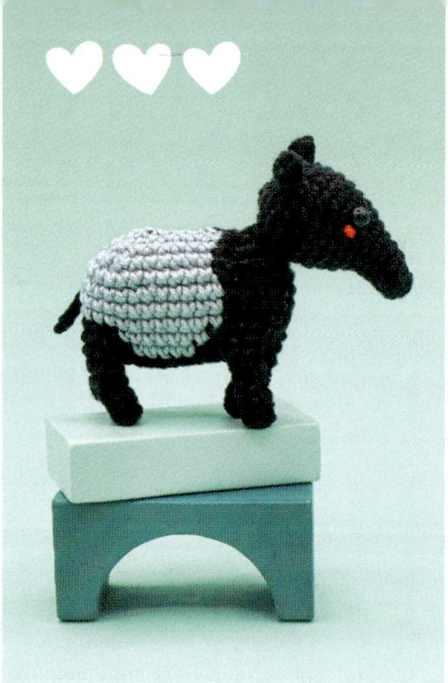

TAPIR

GRÖSSE
8 x 6 cm

MATERIAL
Scheepjes Catona (100 % Baumwolle, LL 125 m/50 g) in
- Jet Black (110)
- Mercury (074)
- Poppy Rose (390)

2 Sicherheitsaugen, 5 mm

KOPF (IN JET BLACK)

Häkle in Rd.
1. Rd: 6 fM in einen Fadenring häkeln (6 M).
2. Rd: 6 fM ihM.
3. Rd: 2 fM, 2x 1 M zun, 2 fM (8 M).
4. Rd: 8 fM häkeln.
5. Rd: 2 fM, *1 fM, 1 M zun*, von * bis * noch 1x wdh, 2 fM (10 M).
6. Rd: 2 fM, *2 fM, 1 M zun*, von * bis * noch 1x wdh, 2 fM (12 M).
7. Rd: *2 fM, 1 M zun*, von * bis * noch 3x wdh (16 M).
8. Rd: 16 fM häkeln.
Beim Häkeln der 8. Rd zwischen die 10. und 11. M und die 17. und 18. M jeweils einen Faden legen. Dort werden später die Sicherheitsaugen gesetzt.
9. Rd: *3 fM, 1 M zun*, von * bis * noch 3x wdh (20 M).
10. Rd: *4 fM, 1 M zun*, von * bis * noch 3x wdh (24 M).
11.–13. Rd: 24 fM häkeln.
Je ein Sicherheitsauge an die zuvor markierten Stellen zwischen die 8. und 9. Rd setzen.
14. Rd: *2 fM, 1 M abn*, von * bis * noch 5x wdh (18 M).
15. Rd: *1 fM, 1 M abn*, von * bis * noch 5x wdh (12 M).
16. Rd: 6x 1 M abn.
Faden lang abschneiden, durch alle vorderen M-Glieder ziehen und festziehen. Für die Wangen in Poppy Rose jeweils einen kurzen Spannstich unter jedes Auge sticken.

OHR (2X IN JET BLACK)

2 Lm anschl und 3 Stb, 1 Lm, 1 Km in die 2. Lm von der Nd aus häkeln. Faden lang abschneiden und damit die Ohren auf Höhe der 15. Rd an den Kopf nähen.

BEIN (4X IN JET BLACK)

Häkle in Rd.
1. Rd: 6 fM in einen Fadenring häkeln (6 M).
2. Rd: 6 fM ihM.
3.–6. Rd: 6 fM häkeln.
Beim 1.–3. Bein den Faden abschneiden und vernähen. Das 4. Bein nicht abketten, es geht gleich mit der Verbindung weiter.

Verbindung der Beine

Markiere die 5. M der 6. Rd des Beins mit einem MM. Häkle 3 Lm, steche in 1 M der 6. Rd des 1. Beins ein und häkle 2 fM. Nicht abketten. 8 Lm anschl, steche in 1 M der 6. Rd des 2. Beins und häkle 2 fM. Häkle 3 Lm, steche in 1 M der 6. Rd des 3. Beins ein und häkle 2 fM. Nicht abketten. 8 Lm anschl, steche in die markierte M der 6. Rd des 4. Beins und häkle 1 fM. 1 fM in die nächste M. So alle Beine verbinden. Die Beine liegen dabei innen. Nicht abketten, sondern mit dem Bauch fortfahren.

BAUCH (IN JET BLACK)

Häkle in Rd.
1. Rd: *3 fM in die Lm der Verbindung, 2 fM, 8 fM in die Lm der Verbindung, 2 fM*, von * bis * noch 1x wdh (30 M).
2. Rd: *1 M abn, 1 fM, 1 M abn, 10 fM*, von * bis * noch 1x wdh (26 M).
Faden lang abschneiden und damit die Lücke längs zusnähen.

KÖRPER (IN JET BLACK UND MERCURY)

Häkle in Rd. Beginne mit Jet Black. Bauch und Beine so umdrehen, dass die Unterseite des Bauchs nach oben und die Beine nach außen zeigen. Mit 1 stehenden fM in die 1. freie M des linken Vorderbeins anschlingen. Gehäkelt wird in die freien M der Beine und die Unterseite der Lm der Verbindung.
1. Rd: 4 fM, 3 fM in die Lm, 4 fM, 2 fM in die Lm, Fb-Wechsel zu Mercury, 5 fM in die Lm, Fb-Wechsel zu Jet Black, 1 fM in die Lm, 4 fM, 3 fM in die Lm, 4 fM, 1 fM in die Lm, Fb-Wechsel zu Mercury, 5 fM in die Lm, Fb-Wechsel zu Jet Black, 2 fM (38 M).
2. Rd: 12 fM, Fb-Wechsel zu Mercury, 6 fM, Fb-Wechsel zu Jet Black, 13 fM, Fb-Wechsel zu Mercury, 6 fM, Fb-Wechsel zu Jet Black, 1 fM (38 M).

3.–5. Rd: 11 fM, Fb-Wechsel zu Mercury, 27 fM (38 M).
Beginne den Körper und die Beine auszustopfen.
6. Rd: Fb-Wechsel zu Jet Black, 12 fM, Fb-Wechsel zu Mercury, 6 fM, *2 fM, 1 M abn*, von * bis * noch 2x wdh, 7 fM, Fb-Wechsel zu Jet Black, 1 fM (35 M).
7. Rd: Fb-Wechsel zu Jet Black, 12 fM, Fb-Wechsel zu Mercury, 6 fM, *1 fM, 1 M abn*, von * bis * noch 2x wdh, 7 fM, Fb-Wechsel zu Jet Black, 1 fM (32 M).
8. Rd: *2 fM, 1 M abn*, von * bis * noch 2x wdh, Fb-Wechsel zu Mercury, 6 fM, 3x 1 M abn, 7 fM, Fb-Wechsel zu Jet Black, 1 fM (26 M).
9. Rd: *1 fM, 1 M abn*, von * bis * noch 2x wdh, Fb-Wechsel zu Mercury, 4 fM, 4x 1 M abn, 4 fM, Fb-Wechsel zu Jet Black, 1 fM (19 M).
Faden lang abschneiden und damit die Lücke am Rücken schließen. Den Kopf vorne an den Körper nähen. Die M in Mercury liegen hinten.

SCHWANZ (IN JET BLACK)

4 Lm anschl und 3 fM ab der 2. Lm von der Nd aus häkeln.
Faden lang abschneiden und damit den Schwanz hinten an den Körper nähen.

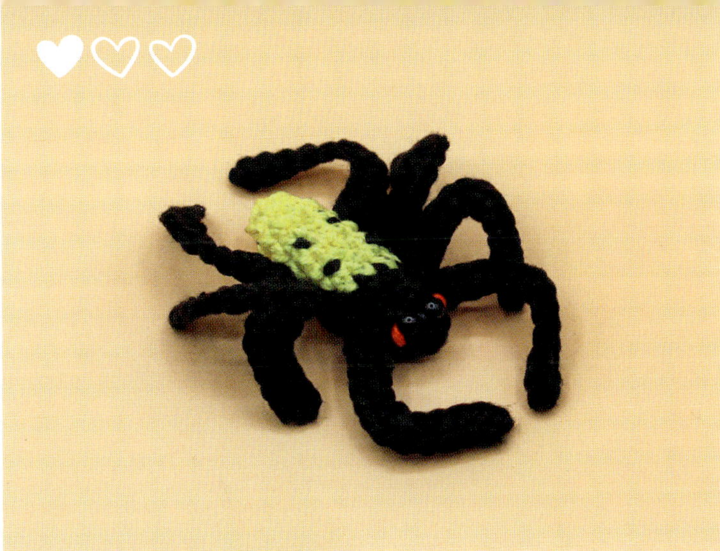

SEIDEN-SPINNE

GRÖSSE
7 cm

MATERIAL
Scheepjes Catona (100 % Baumwolle, LL 125 m/50 g) in
- Jet Black (110)
- Lemon (280)
- Poppy Rose (390)

Halbperlen, 4 mm
Draht, ca. 30 cm

KÖRPER (IN JET BLACK UND LEMON)

Häkle in Rd. Beginne mit Jet Black.
1. Rd: 6 fM in einen Fadenring häkeln (6 M).
2. Rd: *1 fM, 1 M zun*, von * bis * noch 2x wdh (9 M).
3.–5. Rd: 9 fM häkeln.
6.–10. Rd: Fb-Wechsel zu Lemon, 9 fM häkeln.
Beginne den Körper auszustopfen.
11. Rd: *1 fM, 1 M abn*, von * bis * noch 2x wdh (6 M).
Faden lang abschneiden, durch alle vorderen M-Glieder ziehen und festziehen. Lose Fäden vernähen. Den Körper mit 4 Knötchenstichen in Jet Black besticken. Die Halbperlen nebeneinander auf die M der 2. Rd kleben. In Poppy Rose direkt jeweils neben die Augen einen kurzen Spannstich für die Wangen aufsticken.

BEINE (8X IN JET BLACK)

Häkle in R. 12 Lm anschl und ab der 2. Lm von der Nd aus häkeln. Während des Häkelns einen Draht von ca. 4 cm einarbeiten.
1 R: 5 fM, 3 fM in 1 M, 5 fM (13 M).
Faden lang abschneiden. Das Bein in der Mitte knicken und an den Körper nähen. Fixiere die Beine vor dem Annähen am Körper und achte darauf, dass sie symmetrisch zueinander sind.

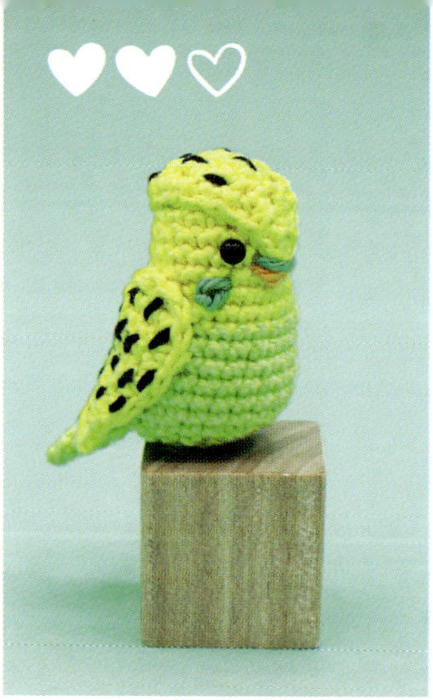

WELLEN-SITTICH

GRÖSSE
5 cm

MATERIAL
Yarn & Colors Must Have (100 % Baumwolle, LL 125 m/50 g) in
› Lemon (012)
› Pistachio (084)
› Black (110)
› Mustard (015)
› Amazon (087)
Sicherheitsaugen, 4 mm

KÖRPER (IN LEMON UND PISTACHIO)

Häkle in Rd. Beginne mit Lemon.
1. Rd: 6 fM in einen Fadenring häkeln (6 M).
2. Rd: 6x 1 M zun (12 M).
3. Rd: *2 fM, 1 M zun*, von * bis * noch 3x wdh (16 M).
4. Rd: 16 fM häkeln.
5. Rd: * 7 fM, 1 M zun*, von * bis * noch 1x wdh (18 M).
Beim Häkeln der 6. Rd zwischen die 7. und 8. M und die 12. und 13. M jeweils einen Faden legen.
6.–9. Rd: 18 fM häkeln.
10. Rd: Fb-Wechsel zu Pistachio, 4x 1 M zun, 14 fM (22 M).
11.–12. Rd: 22 fM häkeln.
Je ein Sicherheitsauge an die zuvor markierten Stellen zwischen die 5. und 6. Rd setzen.
13. Rd: *2 fM, 1 M zun*, von * bis * noch 1x wdh, 16 fM (24 M).
14. Rd: 24 fM häkeln.
15. Rd: *3 fM, 1 M zun*, von * bis * noch 1x wdh, *4 fM, 1 M abn*, von * bis * noch 1x wdh, 4 fM (24 M).
16. Rd: 2 fM, 1 M abn, 2 fM, 1 M zun, *2 fM, 1 M abn*, von * bis * noch 3x wdh, 1 fM (20 M).
Beginne den Körper auszustopfen.
17. Rd: *2 fM, 1 M abn*, von * bis * noch 4x wdh (15 M).
18. Rd: *1 fM, 1 M abn*, von * bis * noch 4x wdh (10 M).
Faden lang abschneiden, durch alle vorderen M-Glieder ziehen und festziehen. Lose Fäden vernähen.

HAUBE (IN LEMON)

Häkle in R. 4 Lm anschl und ab der 2. Lm von der Nd aus häkeln.
1. R: 3 fM häkeln.
2. R: 1 M zun, 1 fM, 1 M zun (5 M).
3.–5. R: 5 fM häkeln.
6. R: 1 M abn, 1 fM, 1 M abn (3 M).
7. R: 1 M abn, 1 fM (2 M).
8. R: 2 fM häkeln.
9. R: 1 M abn (1 M).
Nicht abketten. Mit 1 Rd fM umhäkeln. Mit mehreren kurzen Spannstichen in Black besticken. Auf dem Kopf so festnähen, dass die Spitze (9. R) mittig zwischen den Augen liegt. Mit horizontalen Spannstichen in Mustard zwischen den Augen verlängern (= Schnabel). Über dem Schnabel einen Spannstich in Amazon legen. Ebenfalls in Amazon die Wangen aufsticken.

SCHWANZ (IN PISTACHIO)

Häkle in Rd.
1. Rd: Bilde einen Fadenring mit langem Anfangsfaden, 6 fM in den Ring häkeln (6 M).
2.–3. Rd: 6 fM häkeln.
4. R: *2 fM, 1 M zun*, von * bis * noch 1x wdh (8 M).
5. R: 8 fM häkeln.
Den Schwanz zusdrücken und die M der 5. Rd mit 4 fM zushäkeln. Den Schwanz mit dem Anfangsfaden auf Höhe der 15. Rd hinten an den Körper nähen.

FLÜGEL (2X IN LEMON)

Häkle in R. 3 Lm anschl und ab der 2. Lm von der Nd aus häkeln.
1. R: 2x 1 M zun (4 M).
2.–5. R: 4 fM häkeln.
6. R: 1 M abn, 2 fM (3 M).
7. R: 1 M abn, 1 fM (2 M).
8. R: 2 fM häkeln.
9. Rd: 1 M abn (1 M).
10. R: 1 fM häkeln.
Nicht abketten. Den Flügel mit 1 Rd fM umhäkeln. In die beiden M der Anfangs-Lm-Kette jeweils 1 M zun. Faden abschneiden und vernähen. In Black kurze Spannstiche aufnähen. Die Flügel rechts und links an den Körper nähen.

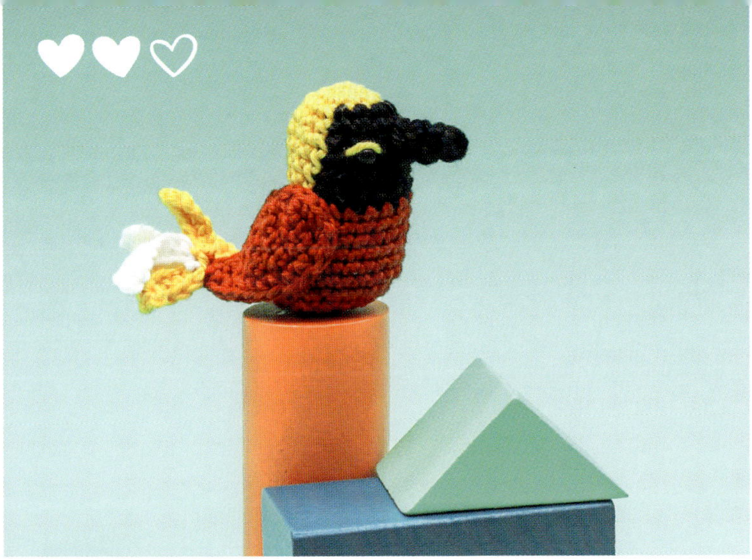

PARADIES-VOGEL

GRÖSSE
5 cm

MATERIAL
Schachenmayr Catania (100 % Baumwolle, LL 125 m/50 g) in
- Sonne (208)
- Schwarz (110)
- Weiß (106)
- Terracotta (388).

Sicherheitsaugen, 4 mm

KÖRPER (IN SONNE, SCHWARZ UND TERRACOTTA)

Häkle in Rd. Beginne mit Sonne.
1. Rd: 6 fM in einen Fadenring häkeln (6 M).
2. Rd: 6x 1 M zun (12 M).
3. Rd: *2 fM, 1 M zun*, von * bis * noch 1x wdh, Fb-Wechsel zu Schwarz, *2 fM, 1 M zun*, von * bis * noch 1x wdh (16 M).
Fb-Wechsel zu Sonne.
4. Rd: 8 fM, Fb-Wechsel zu Schwarz, 8 fM (16 M).
5. Rd: Fb-Wechsel zu Sonne, 7 fM, 1 M zun, Fb-Wechsel zu Schwarz, 7 fM, 1 M zun (18 M).
Beim Häkeln der 6. Rd zwischen die 11. und 12. M und die 16. und 17. M jeweils einen Faden legen. Dort werden später die Sicherheitsaugen gesetzt.
6.–9. Rd: Fb-Wechsel zu Sonne, 9 fM, Fb-Wechsel zu Schwarz, 9 fM (18 M).
10. Rd: Fb-Wechsel zu Terracotta, 3 fM, 4x 1 M zun, 11 fM (22 M).
11.–12. Rd: 22 fM häkeln.
Je ein Sicherheitsauge an die zuvor markierten Stellen zwischen die 5. und 6. Rd setzen.
13. Rd: *2 fM, 1 M zun*, von * bis * noch 1x wdh, 16 fM (24 M).
14. Rd: 24 fM häkeln.
15. Rd: 4 fM, *3 fM, 1 M zun*, von * bis * noch 1x wdh, *4 fM, 1 M abn*, von * bis * noch 1x wdh (24 M).
16. Rd: *2 fM, 1 M abn*, von * bis * noch 1x wdh, 2 fM, 1 M zun, *2 fM, 1 M abn*, von * bis * noch 2x wdh, 1 fM (20 M).
Beginne den Körper auszustopfen.
17. Rd: *2 fM, 1 M abn*, von * bis * noch 4x wdh (15 M).
18. Rd: *1 fM, 1 M abn*, von * bis * noch 4x wdh (10 M).
Faden lang abschneiden, durch alle vorderen M-Glieder ziehen und festziehen. Lose Fäden vernähen. Die Augen jeweils oben in Sonne besticken.

SCHNABEL (IN SCHWARZ)

Häkle in Rd.
1. Rd: 5 fM in einen Fadenring häkeln (5 M).
2.–4. Rd: 5 fM häkeln.
Faden lang abschneiden. Damit den Schnabel mittig zwischen den Augen an den Kopf nähen.

FLÜGEL (2X IN TERRACOTTA)

Häkle in R. 3 Lm anschl und ab der 2. Lm von der Nd aus häkeln.
1. R: 2x 1 M zun (4 M).
2.–5. R: 4 fM häkeln.
6. R: 1 M abn, 2 fM (3 M).
7. R: 1 M abn, 1 fM (2 M).
8. R: 2 fM häkeln.
9. R: 1 M abn (1 M).
10. R: 1 fM häkeln.
Nicht abketten. Mit 1 Rd fM umhäkeln. Dabei in die beiden M der Anfangs-Lm-Kette jeweils 1 M zun. Faden abschneiden und vernähen. In der Spitze (10. R) in Sonne mit 1 Km anschlingen und *7 Lm anschl. 6 fM ab der 2. Lm von der Nd aus auf die Lm häkeln. Mit 1 Km zurück in die Spitze enden*. In Weiß in derselben M anschlingen, 9 Lm anschl und mit 8 fM ab der 2. Lm von der Nd aus behäkeln. 1 Km zurück in die Spitze. Erneut in Sonne in derselben M anschlingen und von * bis * 1x wdh. Die Flügel rechts und links an den Körper nähen, sodass die Spitzen genau nebeneinander liegen.

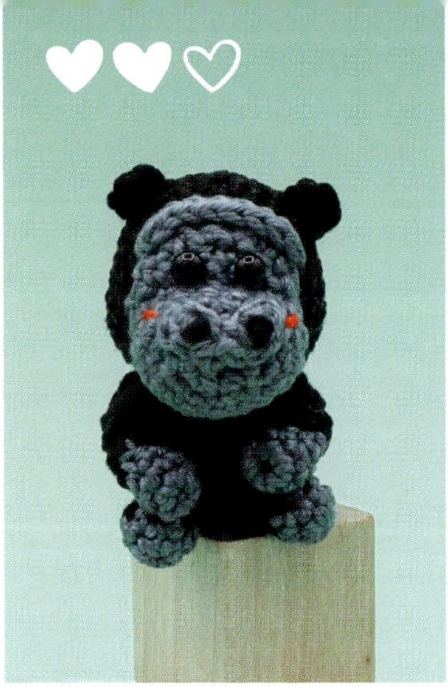

GORILLA

GRÖSSE
5 cm

MATERIAL
Scheepjes Catona (100 % Baumwolle, LL 125 m/50 g) in
- Charcoal (393)
- Jet Black (110)
- Poppy Rose (390)

Halbperlen, 5 mm

KOPF UND KÖRPER (IN JET BLACK)

Häkle in Rd.
1. Rd: 6 fM in einen Fadenring häkeln (6 M).
2. Rd: 6x 1 M zun (12 M).
3. Rd: *1 fM, 1 M zun*, von * bis * noch 5x wdh (18 M).
4. Rd: *2 fM, 1 M zun*, von * bis * noch 5x wdh (24 M).
5.–7. Rd: 24 fM häkeln.
8. Rd: *3 fM, 1 M zun*, von * bis * noch 5x wdh (30 M).
9.–10. Rd: 30 fM häkeln.
11. Rd: *3 fM, 1 M abn*, von * bis * noch 5x wdh (24 M).
12. Rd: *2 fM, 1 M abn*, von * bis * noch 5x wdh (18 M).
Beginne mit dem Ausstopfen.
13. Rd: *1 fM, 1 M abn*, von * bis * noch 5x wdh (12 M).
14. Rd: *2 fM, 1 M zun*, von * bis * noch 3x wdh (16 M).
15. Rd: *3 fM, 1 M zun*, von * bis * noch 3x wdh (20 M).
16. Rd: *4 fM, 1 M zun*, von * bis * noch 3x wdh (24 M).
17.–19. Rd: 24 fM häkeln.
20. Rd: *2 fM, 1 M abn*, von * bis * noch 5x wdh (18 M).
21. Rd: *1 fM, 1 M abn*, von * bis * noch 5x wdh (12 M).
22. Rd: 6x 1 M abn (6 M).
Faden lang abschneiden, durch alle vorderen M-Glieder ziehen und festziehen.

GESICHT (IN CHARCOAL)

Häkle in Rd. 4 Lm anschl und ab der 2. Lm von der Nd aus um die Lm-Kette herumhäkeln.
1. Rd: 2 fM, 3 fM in 1 M, 1 fM, 1 M zun (8 M).
2. Rd: *3 fM, 3 fM in 1 M*, von * bis * noch 1x wdh (12 M).
3. Rd: *3 fM, 1 M zun, 1 fM, 1 M zun*, von * bis * noch 1x wdh (16 M).
4.–5. Rd: 16 fM häkeln.
6. Rd: 6 fM, 1 Lm, wenden.
Ab hier weiter in R häkeln.
7. R: 6 fM häkeln.
8. R: 1 M abn, 2 fM, 1 M abn (4 M).
9. R: 2x 1 M abn (2 M).
Faden abschneiden und vernähen. Mit 1 Rd fM umhäkeln. Beginne dazu mit 1 stehenden fM in der 1. M der 5. Rd. In jede M der 9. R je 1 M zun. Faden lang abschneiden.

NASE (IN CHARCOAL)

4 Lm anschl und ab der 2. Lm von der Nd aus häkeln.
1. R: 4 fM in 1 M, 1 Km, 4 fM in 1 M (9 M).
Faden lang abschneiden. In Jet Black zwei Knötchenstiche für die Nasenlöcher aufsticken. Die Nase mittig auf Höhe der 3. Rd auf das Gesicht nähen.

AUGENBRAUE (IN CHARCOAL)

9 Lm anschl und ab der 2. Lm von der Nd aus 8 fM häkeln. Faden lang abschneiden und die Augenbraue über den Augen annähen. In Poppy Rose seitlich unterhalb der Augen jeweils einen Spannstich für die Wangen aufsticken. Die Halbperlen mit 1 M Abstand oberhalb der Nase auf die M der 6. Rd aufkleben. Gesicht annähen.

OHR (2X IN JET BLACK)

2 Lm anschl und 4 fM in die 2. Lm von der Nd aus häkeln. Faden lang abschneiden und damit die Ohren auf Höhe der 3. Rd an den Kopf nähen.

ARM (2X IN CHARCOAL UND JET BLACK)

Häkle in Rd. Beginne mit Charcoal.
1. Rd: 6 fM in einen Fadenring häkeln (6 M).
2.–3. Rd: 6 fM häkeln.
4.–7. Rd: Fb-Wechsel zu Jet Black, 6 fM häkeln.
Den Arm zusdrücken und die M der 7. Rd mit 2 fM zushäkeln. Faden lang abschneiden und damit den Arm direkt unterhalb des Kopfs an den Körper nähen.

BEIN (2X IN CHARCOAL UND JET BLACK)

Häkle in Rd. Beginne mit Charcoal.
1. Rd: 6 fM in einen Fadenring häkeln (6 M).
2. Rd: 6 fM häkeln.
3.–4. Rd: Fb-Wechsel zu Jet Black, 6 fM häkeln.
Faden lang abschneiden. Damit die Beine auf Höhe der 19. Rd an den Körper nähen.

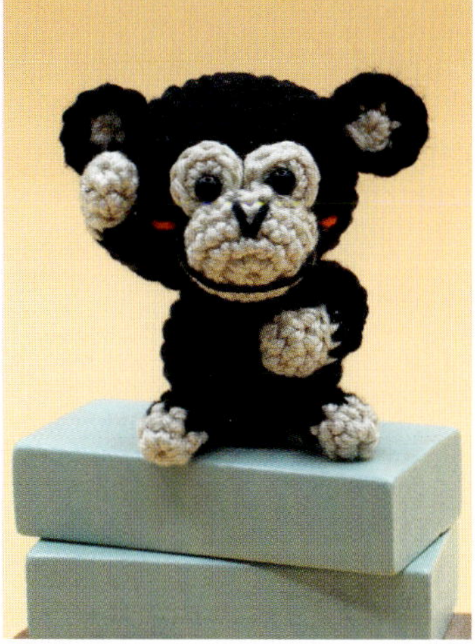

SCHIMPANSE

GRÖSSE
5 cm

MATERIAL
Woll Butt Camilla (100 % Baumwolle, LL 125 m/50 g) in
› Schwarz
› Beige
› Rot
Sicherheitsaugen, 4 mm

AUGE (2X IN BEIGE)

9 fM in einen Fadenring häkeln. Faden lang abschneiden. Die Sicherheitsaugen mittig hindurchstechen und später einsetzen.

KOPF UND KÖRPER (IN SCHWARZ)

Häkle in Rd.
1. Rd: 6 fM in einen Fadenring häkeln (6 M).
2. Rd: 6x 1 M zun (12 M).
3. Rd: *1 fM, 1 M zun*, von * bis * noch 5x wdh (18 M).
4. Rd: *2 fM, 1 M zun*, von * bis * noch 5x wdh (24 M).
5. Rd: 24 fM häkeln.
6. Rd: *3 fM, 1 M zun*, von * bis * noch 5x wdh (30 M).
7.–10. Rd: 30 fM häkeln.
11. Rd: *3 fM, 1 M abn*, von * bis * noch 5x wdh (24 M).
Die Augen zwischen 7. und 8. Rd direkt nebeneinander befestigen und annähen.
12. Rd: *2 fM, 1 M abn*, von * bis * noch 5x wdh (18 M).
Beginne mit dem Ausstopfen.
13. Rd: *1 fM, 1 M abn*, von * bis * noch 5x wdh (12 M).
14. Rd: *2 fM, 1 M zun*, von * bis * noch 3x wdh (16 M).
15. Rd: *3 fM, 1 M zun*, von * bis * noch 3x wdh (20 M).
16. Rd: *4 fM, 1 M zun*, von * bis * noch 3x wdh (24 M).
17.–19. Rd: 24 fM häkeln.
20. Rd: *2 fM, 1 M abn*, von * bis * noch 5x wdh (18 M).
21. Rd: *1 fM, 1 M abn*, von * bis * noch 5x wdh (12 M).
22. Rd: 6x 1 M abn (6 M).
Faden lang abschneiden, durch alle vorderen M-Glieder ziehen und festziehen.

SCHNAUZE (IN BEIGE)

Häkle in Rd.
1. Rd: 7 fM in einen Fadenring häkeln (7 M).
2. Rd: 7x 1 M zun (14 M).
3.–4. Rd: 14 fM häkeln.
Faden lang abschneiden. In Schwarz Mund und Nase aufsticken. Die Schnauze mit Füllwatte ausstopfen und unterhalb der Augen aufnähen. In Rot seitlich neben der Schnauze jeweils einen Spannstich für die Wangen aufsticken

OHR (2X IN BEIGE UND SCHWARZ)

Häkle in Rd. Beginne mit Beige.
1. Rd: 6 fM in einen Fadenring häkeln (6 M).
2. Rd: Fb-Wechsel zu Schwarz, 5x 1 M zun, die letzte bleibt frei (10 M).
Faden lang abschneiden. Damit die Ohren auf Höhe der 5. Rd an den Kopf nähen.

ARM (2X IN BEIGE UND SCHWARZ)

Häkle in Rd. Beginne mit Beige.
1. Rd: 6 fM in einen Fadenring häkeln (6 M).
2.–3. Rd: 6 fM häkeln.
4.–7. Rd: Fb-Wechsel zu Schwarz, 6 fM häkeln.
Den Arm zusdrücken und die M der 7. Rd mit 2 fM zushäkeln. Faden lang abschneiden und damit den Arm direkt unterhalb des Kopfs an den Körper nähen.

BEIN (2X IN BEIGE UND SCHWARZ)

Häkle in Rd. Beginne mit Beige.
1. Rd: 6 fM in einen Fadenring häkeln (6 M).
2. Rd: 6 fM häkeln.
3.–4. Rd: Fb-Wechsel zu Schwarz, 6 fM häkeln.
Faden lang abschneiden. Damit die Beine auf Höhe der 19. Rd an den Körper nähen.

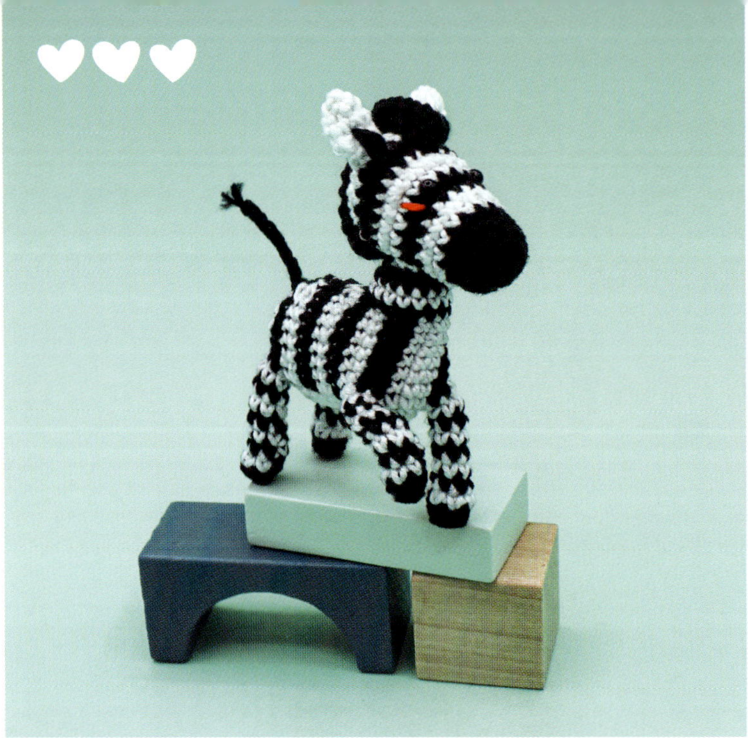

ZEBRA

GRÖSSE
9x6 cm

MATERIAL
Woll Butt Camilla (100 % Baumwolle, LL 125 m/50 g) in
- › Schwarz
- › Weiß
- › Rot

Sicherheitsaugen, 4 mm

KOPF (IN SCHWARZ UND WEISS)

Häkle in Rd. Beginne mit Schwarz.
1. Rd: 6 fM in einen Fadenring häkeln (6 M).
2. Rd: 6x 1 M zun (12 M).
3. Rd: 12 fM häkeln.
4. Rd: *1 M zun, 5 fM*, von * bis * noch 1x wdh (14 M).
5. Rd: 14 fM häkeln.
6. Rd: Fb-Wechsel zu Weiß, *6 fM, 1 M zun*, von * bis * noch 1x wdh (16 M).
7. Rd: 16 fM häkeln.
8. Rd:, Fb-Wechsel zu Schwarz, 16 fM häkeln.
9. Rd: *7 fM, 1 M zun*, von * bis * noch 1x wdh (18 M).
10. Rd: Fb-Wechsel zu Weiß, 18 fM häkeln.
11. Rd: *2 fM, 1 M zun*, von * bis * noch 5x wdh (24 M).
12.–13. Rd: Fb-Wechsel zu Schwarz, 24 fM häkeln.
Die Augen zwischen 9. und 10. Rd mit 4 M Abstand befestigen.
14. Rd: Fb-Wechsel zu Weiß, *2 fM, 1 M abn*, von * bis * noch 5x wdh (18 M).
15. Rd: 18 fM häkeln.
Beginne den Kopf auszustopfen.
16. Rd: Fb-Wechsel zu Schwarz, *1 fM, 1 M abn*, von * bis * noch 5x wdh (12 M).
17. Rd: 6x 1 M abn (6 M).
Faden lang abschneiden, durch alle vorderen M-Glieder ziehen und festziehen. Lose Fäden vernähen. Jeweils unter die Augen in Rot einen kurzen Spannstich für die Wangen aufsticken.

OHR (2X IN WEISS)

Häkle in Rd.
1. Rd: 4 fM in einen Fadenring häkeln (4 M).
2. Rd: 1 M zun, 3 fM (5 M).
3. Rd: 1 M zun, 4 fM (6 M).
4. Rd: *1 M abn, 1 fM*, von * bis * noch 1x wdh (4 M).
Faden lang abschneiden. In Schwarz 3 spitz zulaufende Spannstiche in jedes Ohr sticken. Die Ohren auf Höhe der 14. Rd an den Kopf nähen.

MÄHNE (IN SCHWARZ)

Häkle in R. 15 Lm anschl und ab der 2. Lm von der Nd aus häkeln.
1. R: *1 hStb, 1 Lm*, von * bis * noch 5x wdh, *1 fM, 1 Lm*, von * bis * noch 6x wdh, 1 fM (14 M).
Faden lang abschneiden. Die Mähne mittig zwischen den Ohren nach hinten über den Kopf legen und festnähen. Die hStb liegen dabei vorne.

BEIN (4X IN SCHWARZ UND WEISS)

Häkle in Rd. Beginne mit Schwarz.
1. Rd: 6 fM in einen Fadenring (6 M).
2. Rd: 6 fM ihM.
3. Rd: Fb-Wechsel zu Weiß, 6 fM häkeln.
4. Rd: Fb-Wechsel zu Schwarz, 6 fM häkeln.

Die 3. und 4. Rd wdh, bis 9 Rd erreicht sind. Beim 1.–3. Bein den Faden abschneiden und vernähen. Das 4. Bein nicht abketten, es geht gleich mit der Verbindung weiter.

Verbindung der Beine

Markiere die 5. M der 9. Rd des Beins mit einem MM. Häkle 3 Lm, steche in 1 M der 9. Rd des 1. Beins ein und häkle 2 fM. Nicht abketten. 8 Lm anschl, steche in 1 M der 9. Rd des 2. Beins und häkle 2 fM. Häkle 3 Lm, steche in 1 M der 9. Rd des 3. Beins ein und häkle 2 fM. Nicht abketten. 8 Lm anschl, steche in die markierte M der 9. Rd des 4. Beins und häkle 1 fM. 1 fM in die nächste M. So alle Beine verbinden. Die Beine liegen dabei innen. Nicht abketten, sondern mit dem Bauch fortfahren.

BAUCH (IN WEISS)

Häkle in Rd.

1. Rd: *3 fM in die Lm der Verbindung, 2 fM, 8 fM in die Lm der Verbindung, 2 fM*, von * bis * noch 1x wdh (30 M).

2. Rd: *1 M abn, 1 fM, 1 M abn, 10 fM*, von * bis * noch 1x wdh (26 M).

Faden lang abschneiden und damit die Lücke längs zusnähen.

KÖRPER (IN SCHWARZ UND WEISS)

Häkle in Rd. Bauch und Beine so drehen, dass die Unterseite des Bauchs nach oben und die Beine nach außen zeigen. Mit 1 stehenden fM in die 1. freie M des linken Vorderbeins anschlingen. Gehäkelt wird in die freien fM der Beine (4 M je Bein) und die Unterseite der Lm der Verbindung.

1.–4. Rd: 2 fM, Fb-Wechsel zu Schwarz, 2 fM, Fb-Wechsel zu Weiß, 3 fM, *Fb-Wechsel zu Schwarz, 2 fM, Fb-Wechsel zu Weiß, 2 fM*, von * bis * noch 3x wdh, Fb-Wechsel zu Schwarz, 3 fM, *Fb-Wechsel zu Weiß, 2 fM, Fb-Wechsel zu Schwarz, 2 fM*, von * bis * noch 2x wdh (38 M).

Beginne den Körper und die Beine auszustopfen.

5. Rd: Fb-Wechsel zu Weiß, 2 fM, Fb-Wechsel zu Schwarz, 2 fM, Fb-Wechsel zu Weiß, 3 fM, *Fb-Wechsel zu Schwarz, 2 fM, Fb-Wechsel zu Weiß, 2 fM*, von * bis * noch 2x wdh, Fb-Wechsel zu Schwarz, 1 fM 1 M abn, Fb-Wechsel zu Weiß, 1 fM, Fb-Wechsel zu Schwarz, 1 fM, 1 M abn, Fb-Wechsel zu Weiß, 2 fM, Fb-Wechsel zu Schwarz, 1 M abn*, Fb-Wechsel zu Weiß, 2 fM, Fb-Wechsel zu Schwarz, 2 fM*, von * bis * noch 1x wdh (35 M).

6. Rd: Fb-Wechsel zu Weiß, 2 fM, Fb-Wechsel zu Schwarz, 2 fM, Fb-Wechsel zu Weiß, 3 fM, *Fb-Wechsel zu Schwarz, 2 fM, Fb-Wechsel zu Weiß, 2 fM*, von * bis * noch 2x wdh, Fb-Wechsel zu Schwarz, 1 M abn, *Fb-Wechsel zu Weiß, 1 fM, Fb-Wechsel zu Schwarz, 1 M abn*, von * bis * noch 1x wdh, *Fb-Wechsel zu Weiß, 2 fM, Fb-Wechsel zu Schwarz, 2 fM*, von * bis * noch 1 x wdh (32 M).

7. Rd: Fb-Wechsel zu Weiß, 2 fM, Fb-Wechsel zu Schwarz, 2 fM, Fb-Wechsel zu Weiß, 3 fM, *Fb-Wechsel zu Schwarz, 2 fM, Fb-Wechsel zu Weiß, 2 fM*, von * bis * noch 1x wdh, Fb-Wechsel zu Schwarz, 2 fM, Fb-Wechsel zu Weiß, 1 fM, Fb-Wechsel zu Schwarz, 3x 1 M abn, *Fb-Wechsel zu Weiß, 2 fM, Fb-Wechsel zu Schwarz, 2 fM*, von * bis * noch 1x wdh (29 M).

8. Rd: 12 M überspringen, 1 fM in die 13. M der Vor-Rd (= Halsöffnung), Fb-Wechsel zu Weiß, 2 fM, Fb-Wechsel zu Schwarz, 2 fM, *Fb-Wechsel zu Weiß, 1 M abn, Fb-Wechsel zu Schwarz, 1 M abn*, von * bis * noch 1x wdh, Fb-Wechsel zu Weiß, 2 fM, Fb-Wechsel zu Schwarz, 2 fM (13 M).

Fäden beider Fb lang abschneiden und damit die Lücke am Rücken schließen. Wechsle dabei jeweils zur passenden Fb.

HALS (IN SCHWARZ UND WEISS)

Häkle in Rd. Beginne mit Schwarz. In der 1. M der 8. Rd des Körpers mit 1 stehenden fM anschlingen.

1. Rd: 15 fM um die Halsöffnung häkeln.

2. Rd: Fb-Wechsel zu Weiß, 15 fM häkeln.

3. Rd: Fb-Wechsel zu Schwarz, 15 fM häkeln.

Faden lang abschneiden und damit den Kopf annähen.

SCHWANZ (IN SCHWARZ)

Oben am Hinterteil mit 1 Km anschlingen und 7 Lm häkeln. Die letzte Lm fest zusziehen. Faden abschneiden und das Ende mit einer Wollnadel ausfransen. Alle losen Fäden vernähen.

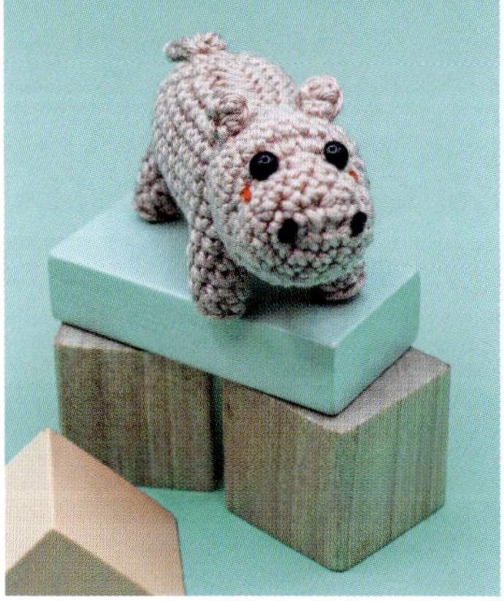

NILPFERD

GRÖSSE
7 x 4 cm

MATERIAL
Yarn & Colors Must Have (100 % Baumwolle, LL 125 m/50 g) in
- Rose (101)
- Anthracite (099)
- Pepper (032)

Sicherheitsaugen, 5 mm

KOPF (IN ROSE)

Häkle in Rd. 4 Lm anschl und ab der 2. Lm von der Nd aus um die Lm-Kette herumhäkeln.

1. Rd: 2 fM, 3 fM in 1 M, 1 fM, 1 M zun (8 M).

2. Rd: *3 fM, 3 fM in 1 M*, von * bis * noch 1x wdh (12 M).

3. Rd: *3 fM, 1 M zun, 1 fM, 1 M zun*, von * bis * noch 1x wdh (16 M).

4.–5. Rd: 16 fM häkeln.

Beim Häkeln der 6. Rd zwischen die 2. und 3. M und die 8. und 9. M jeweils einen Faden legen. Dort werden später die Sicherheitsaugen gesetzt.

6. Rd: 6x 1 M zun, 10 fM (22 M).

7.–10. Rd: 22 fM häkeln.

Je ein Sicherheitsauge an die zuvor markierten Stellen zwischen die 5. und 6. Rd setzen.

11. Rd: *2 fM, 1 M zun*, von * bis * noch 3x wdh, die restlichen M bleiben frei (16 M).

Faden lang abschneiden. Den Kopf ausstopfen. Vorne in Anthracite zwei Knötchenstiche für die Nasenlöcher aufsticken. Jeweils unter den Augen zwei kurze Spannstiche in Pepper für die Wangen aufsticken.

OHR (2X IN ROSE)

2 Lm anschl und 1 hStb, 1 Lm, 1 Km in die 2. Lm von der Nd aus häkeln. Faden lang abschneiden und damit die Ohren auf Höhe der 9. Rd an den Kopf nähen.

BEIN (4X IN ROSE)

Häkle in Rd.

1. Rd: 6 fM in einen Fadenring häkeln (6 M).

2. Rd: 6 fM ihM.

3.–4. Rd: 6 fM häkeln.

Beim 1.–3. Bein den Faden abschneiden und vernähen. Das 4. Bein nicht abketten, es geht gleich mit der Verbindung weiter.

Verbindung der Beine

Markiere die 5. M der 4. Rd des Beins mit einem MM. Häkle 3 Lm, steche in 1 M der 4. Rd des 1. Beins ein und häkle 2 fM. Nicht abketten. 8 Lm anschl, steche in 1 M der 4. Rd des 2. Beins und häkle 2 fM. Häkle 3 Lm, steche in 1 M der 4. Rd des 3. Beins ein und häkle 2 fM. Nicht abketten. 8 Lm anschl, steche in die markierte M der 4. Rd des 4. Beins und häkle 1 fM. 1 fM in die nächste M. So alle Beine verbinden. Die Beine liegen dabei innen. Nicht abketten, sondern mit dem Bauch fortfahren.

BAUCH (IN ROSE)

Häkle in Rd.

1. Rd: *3 fM in die Lm der Verbindung, 2 fM, 8 fM in die Lm der Verbindung, 2 fM*, von * bis * noch 1x wdh (30 M).

2. Rd: *1 M abn, 1 fM, 1 M abn, 10 fM*, von * bis * noch 1x wdh (26 M).

Faden lang abschneiden und damit die Lücke längs zusnähen.

KÖRPER (IN ROSE)

Häkle in Rd. Bauch und Beine so drehen, dass die Unterseite des Bauchs nach oben und die Beine nach außen zeigen. Mit 1 stehenden fM in die 1. freie M des linken Vorderbeins anschlingen. Gehäkelt wird in die freien fM der Beine und die Unterseite der Lm der Verbindung.

1. Rd: *4 fM, 3 fM in die 1 Lm, 4 fM, 8 fM in die Lm*, von * bis * noch 1x wdh (38 M).

2.–5. Rd: 38 fM häkeln.

Beginne den Körper und die Beine auszustopfen.

6. Rd: 18 fM, *2 fM, 1 M abn*, von * bis * noch 2x wdh, 8 fM (35 M).

7. Rd: 18 fM, *1 fM, 1 M abn*, von * bis * noch 2x wdh, 8 fM (32 M).

8. Rd: *2 fM, 1 M abn*, von * bis * noch 2x wdh, 6 fM, 3x 1 M abn, 8 fM (26 M).

9. Rd: *1 fM, 1 M abn*, von * bis * noch 2x wdh (=Vorderteil), 4 fM, 4x 1 M abn (= Hinterteil), 5 fM (19 M).

Faden lang abschneiden und damit die Lücke am Rücken schließen. Den Kopf an das Vorderteil nähen. Die Zun der 11. Rd liegen dabei mittig oberhalb des Körpers.

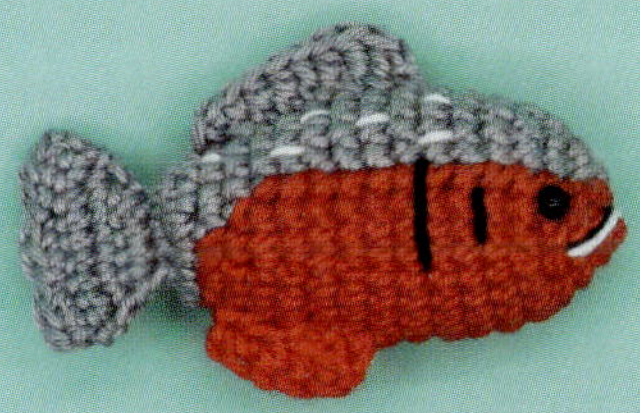

PIRANHA

GRÖSSE
7 cm

MATERIAL
Schachenmayr Catania (100 % Baumwolle, LL 125 m/50 g) in
- Tomate (390)
- Rauchgrau (435)
- Weiß (106)
- Schwarz (110)

Halbperlen, 4 mm

SCHWANZ (IN ROSE)

5 Lm anschl und 4 hStb ab der 2. Lm von der Nd aus häkeln. Faden lang abschneiden und damit den Schwanz an das Hinterteil des Körpers nähen.

KÖRPER (IN TOMATE UND RAUCHGRAU)

Häkle in Rd. Beginne mit Rauchgrau. 10 Lm anschl und zum Ring schließen.

1. Rd: 10 fM häkeln.
2. Rd: *2 fM, 1 M zun*, von * bis * noch 1x wdh, Fb-Wechsel zu Tomate, 2 fM, 1 M zun, 1 fM (13 M).
3. Rd: Fb-Wechsel zu Rauchgrau, 1 M zun, 5 fM, 1 M zun, 1 fM, Fb-Wechsel zu Tomate, 5 fM (15 M).
4. Rd: 1 fM, Fb-Wechsel zu Rauchgrau, 3 fM, 1 M zun, 4 fM, 1 fM, Fb-Wechsel zu Tomate, 1 fM in dieselbe M, 4 fM, 1 M zun (18 M).
5. Rd: 2 fM, Fb-Wechsel zu Rauchgrau, 6 fM, 1 M zun, 2 fM, Fb-Wechsel zu Tomate, 6 fM, 1 M zun (20 M).
6. Rd: 2 fM, Fb-Wechsel zu Rauchgrau, 2 fM, 1 M zun, 4 fM, 1 M zun, 2 fM, Fb-Wechsel zu Tomate, 2 fM, 1 zun, 4 fM, 1 M zun (24 M).
7. Rd: 2 fM, Fb-Wechsel zu Rauchgrau, 9 fM, 1 M zun, 1 fM Fb-Wechsel zu Tomate, 10 fM, 1 M zun (26 M).
8.–11. Rd: 2 fM, Fb-Wechsel zu Rauchgrau, 12 fM, Fb-Wechsel zu Tomate, 12 fM (26 M).
Beginne den Körper auszustopfen.
12. Rd: 2 fM, Fb-Wechsel zu Rauchgrau, 9 fM, 1 M abn, Fb-Wechsel zu Tomate, 11 fM, 1 M abn (24 M).
13. Rd: 2 fM, Fb-Wechsel zu Rauchgrau, 2 fM, 1 M abn, 4 fM, 1 M abn, Fb-Wechsel zu Tomate, *4 fM, 1 M abn*, von * bis * noch 1x wdh (20 M).
14. Rd: 2 fM, Fb-Wechsel zu Rauchgrau, 1 fM, 1 M abn, 3 fM, 1 M abn, Fb-Wechsel zu Tomate, *3 fM, 1 M abn*, von * bis * noch 1x wdh (16 M).
15. Rd: 1 fM, Fb-Wechsel zu Rauchgrau, 1 fM, 1 M abn, 2 fM, 1 M abn, Fb-Wechsel zu Tomate, *2 fM, 1 M abn*, von * bis * noch 1x wdh (12 M).
16. Rd: 1 fM, Fb-Wechsel zu Rauchgrau, 1 M abn, 1 fM, 1 M abn, Fb-Wechsel zu Tomate, *1 fM, 1 M abn*, von * bis * noch 1x wdh (8 M).

Faden lang abschneiden, durch alle vorderen M-Glieder ziehen und festziehen. Lose Fäden vernähen. Die Halbperlen auf gegenüberliegenden Seiten auf Höhe der 4. Rd ankleben. In Schwarz hinter den Augen Kiemen aufsticken. In Schwarz und Weiß vorne einen schrägen Spannstich für den Mund aufsticken. In Weiß die obere Seite (Rauchgrau) mit kurzen Spannstichen besticken.

SCHWANZFLOSSE (IN RAUCHGRAU)

Häkle in R. Das Ende des Körpers (Anfangs-Lm-Kette) zusdrücken und mit 4 fM zushäkeln. 1 Lm, wenden. Weiter wie folgt:

1. R: 1 M zun, 2 fM, 1 M zun (6 M).
2. R: 1 M zun, 4 fM, 1 M zun (8 M).
3. R: 1 M zun, 6 fM, 1 M zun (10 M).
4. R: 1 fM, 1 hStb, 1 fM, 1 Km, 2 hStb, 1 Km, 1 fM, 1 hStb, 1 fM (10 M).
Faden abschneiden und vernähen.

RÜCKENFLOSSE (IN RAUCHGRAU)

Häkle in R. 10 Lm anschl und ab der 3. Lm von der Nd aus häkeln.

1. R: 2 Stb, 4 hStb, 2 fM (8 M).
Faden lang abschneiden. Damit die Rückenflosse an die Oberseite des Körpers nähen.

BAUCHFLOSSE (IN TOMATE)

Häkle in R. 7 Lm anschl und ab der 3. Lm von der Nd aus häkeln.

1. R: 3 hStb, 1 fM, 1 Km (5 M).
Faden lang abschneiden. Damit die Rückenflosse an die hintere Unterseite des Körpers nähen.

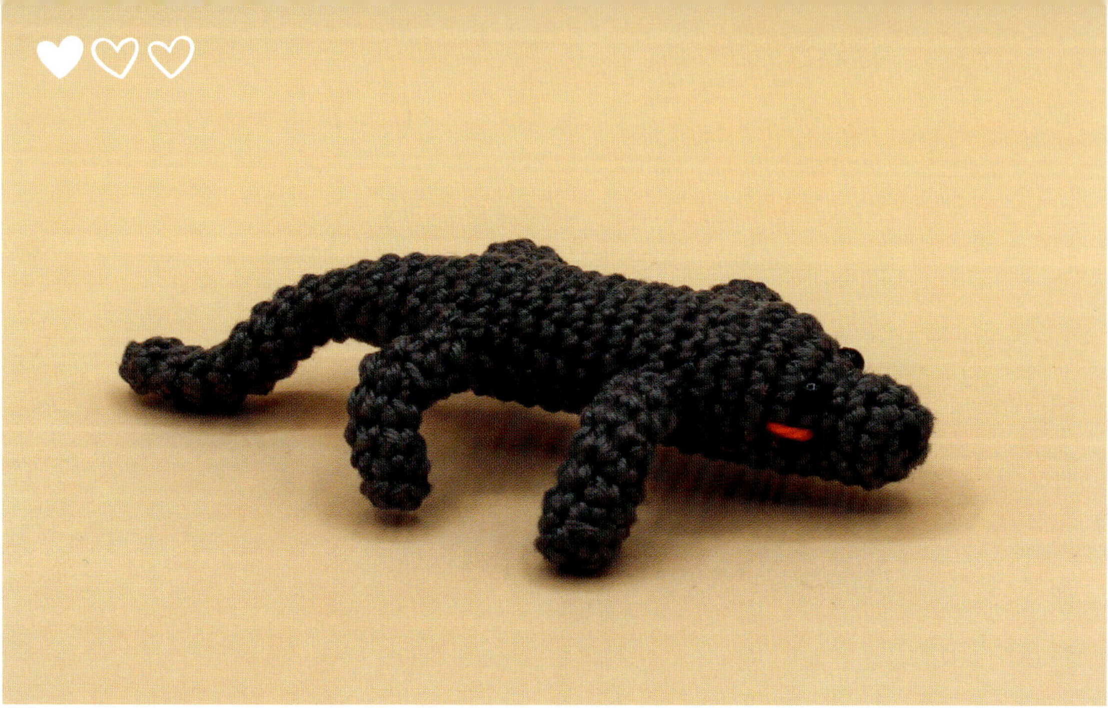

WARAN

GRÖSSE
10 cm

MATERIAL
Scheepjes Catona (100 % Baumwolle, LL 125 m/50 g) in
- Dark Olive (387)
- Jet Black (110)
- Poppy Rose (390)

Sicherheitsaugen, 4 mm
Chenilledraht, ca. 15 cm

Hinweis: Der Waran wird nur bis zur 26. Rd mit Füllwatte ausgestopft.

KÖRPER (IN DARK OLIVE)

Häkle in Rd.
1. Rd: 6 fM in einen Fadenring häkeln (6 M).
2. Rd: 3x 1 M zun, 3 fM (9 M).
3.–5. Rd: 9 fM häkeln.
Beim Häkeln der 6. Rd zwischen die 3. und 4. M und die 8. und 9. M jeweils einen Faden legen. Dort werden später die Sicherheitsaugen gesetzt.
6. Rd: 4x 1 M zun, 5 fM (13 M).
7. Rd: 5x 1 M zun, 8 fM (18 M).
8.–9. Rd: 18 fM häkeln.
Je ein Sicherheitsauge an die zuvor markierten Stellen zwischen die 5. und 6. Rd setzen.
10. Rd: 4 fM, 3x 1 M abn, 8 fM (15 M).
11.–21. Rd: 15 fM häkeln.
Beginne den Körper auszustopfen.
22. Rd: *1 fM, 1 M abn*, von * bis * noch 4x wdh (10 M).
23.–25. Rd: 10 fM häkeln.
26. Rd: *1 fM, 1 M abn*, von * bis * noch 2x wdh, 1 fM (7 M).
27.–35. Rd: 7 fM häkeln.
Chenilledraht einführen. Faden lang abschneiden, durch alle vorderen M-Glieder ziehen und festziehen. Lose Fäden vernähen. Vorne in Jet Black zwei Nasenlöcher aufsticken. Jeweils unter den Augen in Poppy Rose kurze Spannstiche für die Wangen aufsticken.

BEIN (4X IN DARK OLIVE)

Häkle in Rd.
1. Rd: 6 fM in einen Fadenring häkeln (6 M).
2.–4. Rd: 6 fM häkeln.
5. Rd: 2x 1 M zun, 2x 1 M abn (6 M).
6.–7. Rd: 6 fM häkeln.
Faden lang abschneiden. Chenilledraht einführen. Das Bein auf Höhe der 5. Rd einknicken. Die Abn liegen dabei innen. Die Beine rechts und links an den Körper nähen.

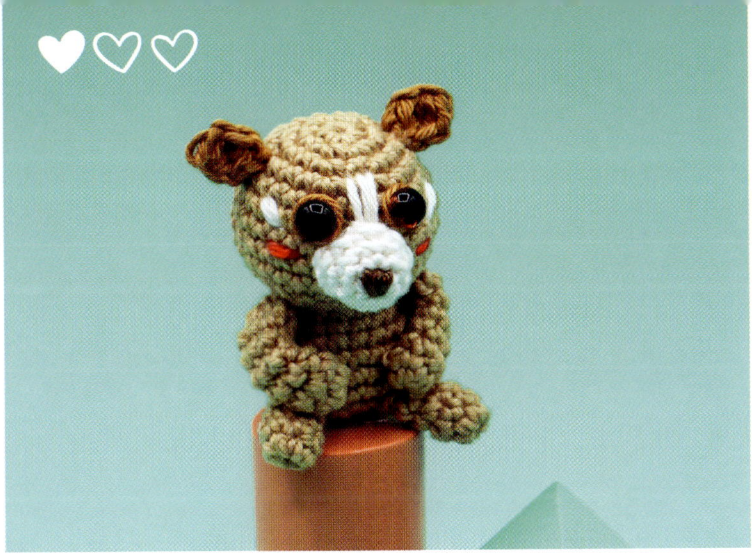

PLUMPLORI

GRÖSSE
5 cm

MATERIAL
Schachenmayr Catania (100 % Baumwolle, LL 125 m/50 g) in
› Camel (179)
› Zimt (383)
› Marone (157)
› Crème (130)
› Tomate (390)
Tieraugen, 6,5 mm

KOPF UND KÖRPER (IN CAMEL)

Häkle in Rd.
1. Rd: 6 fM in einen Fadenring häkeln (6 M).
2. Rd: 6x 1 M zun (12 M).
3. Rd: *1 fM, 1 M zun*, von * bis * noch 5x wdh (18 M).
4. Rd: *2 fM, 1 M zun*, von * bis * noch 5x wdh (24 M).
5. Rd: 24 fM häkeln.
6. Rd: *3 fM, 1 M zun*, von * bis * noch 5x wdh (30 M).
7.–9. Rd: 30 fM häkeln.
10. Rd: *3 fM, 1 M abn*, von * bis * noch 5x wdh (24 M).
11. Rd: *2 fM, 1 M abn*, von * bis * noch 5x wdh (18 M).
Die Augen zwischen 6. und 7. Rd mit 3 M Abstand befestigen.
12. Rd: *1 fM, 1 M abn*, von * bis * noch 5x wdh (12 M).
Beginne mit dem Ausstopfen.
13. Rd: *2 fM, 1 M zun*, von * bis * noch 3x wdh (16 M).
14. Rd: *3 fM, 1 M zun*, von * bis * noch 3x wdh (20 M).
15. Rd: *4 fM, 1 M zun*, von * bis * noch 3x wdh (24 M).
16.–18. Rd: 24 fM häkeln.
19. Rd: *2 fM, 1 M abn*, von * bis * noch 5x wdh (18 M).
20. Rd: *1 fM, 1 M abn*, von * bis * noch 5x wdh (12 M).
21. Rd: 6x 1 M abn (6 M).
Faden lang abschneiden, durch alle vorderen M-Glieder ziehen und festziehen. In Zimt einen Kreis um die Augen sticken.

SCHNAUZE (IN CRÈME)

Häkle in Rd.
1. Rd: 6 fM in einen Fadenring häkeln (6 M).
2. Rd: 6 fM häkeln.
3. Rd: *1 fM, 1 M zun*, von * bis * noch 2x wdh (9 M).
4. Rd: *2 fM, 1 M zun*, von * bis * noch 2x wdh (12 M).
Faden lang abschneiden. In Marone vorne ein kleines Dreieck als Nase aufsticken. Mit etwas Füllwatte ausstopfen und mittig unter den Augen annähen. In Crème die Schnauze mit mehreren Spannstichen mittig nach oben verlängern. Ebenfalls in Crème rechts und links der Augen zwei schräge Spannstiche aufsticken. In Tomate unter den Augen jeweils einen kurzen Spannstich neben die Schnauze sticken.

OHR (2X IN ZIMT)

2 Lm anschl und 4 zus abgemaschte Stb in die 2. Lm von der Nd aus häkeln. Faden lang abschneiden und damit die Ohren auf Höhe der 4. Rd an den Kopf nähen.

ARM (2X IN CAMEL)

Häkle in Rd.
1. Rd: 6 fM in einen Fadenring häkeln (6 M).
2.–7. Rd: 6 fM häkeln.
Den Arm zusdrücken und die M der 7. Rd mit 2 fM zushäkeln. Faden lang abschneiden und damit den Arm direkt unterhalb des Kopfs an den Körper nähen.

BEIN (2X IN CAMEL)

Häkle in Rd.
1. Rd: 6 fM in einen Fadenring häkeln (6 M).
2.–4. Rd: 6 fM häkeln.
Faden lang abschneiden. Damit die Beine auf Höhe der 19. Rd an den Körper nähen.

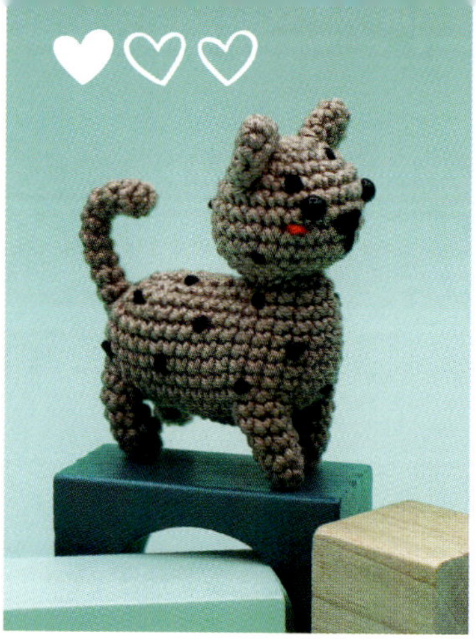

JAGUAR

GRÖSSE
7x8 cm

MATERIAL
Scheepjes Catona (100 % Baumwolle, LL 125 m/50 g) in
- Caramel (506)
- Jet Black (110)
- Poppy Rose (390)

Sicherheitsaugen, 5 mm
Chenilledraht, ca. 4 cm

KOPF (IN CARAMEL)

Häkle in Rd.
1. Rd: 6 fM in einen Fadenring häkeln (6 M).
2. Rd: 6x 1 M zun (12 M).
3. Rd: *1 fM, 1 M zun*, von * bis * noch 5x wdh (18 M).
4. Rd: *2 fM, 1 M zun*, von * bis * noch 5x wdh (24 M).
5.–9. Rd: 24 fM häkeln.
Die Augen zwischen 6. und 7. Rd mit 5 M Abstand befestigen.
10. Rd: *2 fM, 1 M abn*, von * bis * noch 5x wdh (18 M).
Beginne den Kopf auszustopfen.
11. Rd: *1 fM, 1 M abn*, von * bis * noch 5x wdh (12 M).
Faden lang abschneiden, durch alle vorderen M-Glieder ziehen und festziehen. Die Nase mittig in Jet Black zwischen den Augen aufsticken und nach unten mit einem kurzen Spannstich verlängern. In Poppy Rose unter jedes Auge einen kurzen Spannstich für die Wangen aufsticken. Knötchenstiche am Kopf in Jet Black aufsticken.

OHR (2X IN CARAMEL)

Häkle in Rd.
1. Rd: 4 fM in einen Fadenring häkeln (4 M).
2. Rd: *1 M zun, 1 fM*, von * bis * noch 1x wdh (6 M).
3. Rd: *1 M zun, 2 fM*, von * bis * noch 1x wdh (8 M).
4. Rd: 8 fM häkeln.
Faden lang abschneiden. Die Ohren oberhalb der Augen auf Höhe der 3. Rd an den Kopf nähen.

BEIN (4X IN CARAMEL)

Häkle in Rd.
1. Rd: 6 fM in einen Fadenring häkeln (6 M).
2. Rd: 6 fM ihM.
3.–5. Rd: 6 fM häkeln.
Beim 1.–3. Bein den Faden abschneiden und vernähen. Das 4. Bein nicht abketten, es geht gleich mit der Verbindung weiter.

Verbindung der Beine

Markiere die 5. M der 5. Rd des Beins mit einem MM. Häkle 3 Lm, steche in 1 M der 5. Rd des 1. Beins ein und häkle 2 fM. Nicht abketten. 8 Lm anschl, steche in 1 M der 5. Rd des 2. Beins und häkle 2 fM. Häkle 3 Lm, steche in eine M der 5. Rd des 3. Beins ein und häkle 2 fM. Nicht abketten. 8 Lm anschl, steche in die markierte M der 5. Rd des 4. Beins und häkle 1 fM. 1 fM in die nächste M. So alle Beine verbinden. Die Beine liegen dabei innen. Nicht abketten, sondern mit dem Bauch fortfahren.

BAUCH (IN CARAMEL)

Häkle in Rd.
1. Rd: *3 fM in die Lm der Verbindung, 2 fM, 8 fM in die Lm der Verbindung, 2 fM*, von * bis * noch 1x wdh (30 M).
2. Rd: *1 M abn, 1 fM, 1 M abn, 10 fM*, von * bis * noch 1x wdh (26 M).
Faden lang abschneiden und damit die Lücke längs zusnähen.

KÖRPER (IN CARAMEL)

Häkle in Rd. Bauch und Beine so drehen, dass die Unterseite des Bauchs nach oben und die Beine nach außen zeigen. Mit 1 stehenden fM in die 1. freie M des linken Vorderbeins anschlingen. Gehäkelt wird in die freien fM der Beine und die Unterseite der Lm der Verbindung.
1. Rd: *4 fM, 3 fM in die Lm, 4 fM, 8 fM in die Lm*, von * bis * noch 1x wdh (38 M).
2.–4. Rd: 38 fM häkeln.
Beginne den Körper und die Beine auszustopfen.
5. Rd: 18 fM, *2 fM, 1 M abn*, von * bis * noch 2x wdh, 8 fM (35 M).
6. Rd: 18 fM, *1 fM, 1 M abn*, von * bis * noch 2x wdh, 8 fM (32 M).
7. Rd: 18 fM, 3x 1 M abn, 8 fM (29 M).
8. Rd: 12 M überspringen, 1 fM in die 13. M der Vor-Rd (= Halsöffnung), 4 fM, 4x 1 M abn, 4 fM (13 M).

Faden lang abschneiden und damit die Lücke am Rücken schließen. Den Körper mit Knötchenstichen in Jet Black besticken.

HALS (IN CARAMEL)

Häkle in Rd. In 1 M der 8. Rd des Körpers mit 1 stehenden fM anschlingen und 13 fM um die Halsöffnung häkeln. Faden lang abschneiden und damit den Kopf annähen.

SCHWANZ (IN CARAMEL)

Häkle in Rd.
1. Rd: 5 fM in einen Fadenring häkeln (5 M).
2.–9. Rd: 5 fM häkeln.
Faden lang abschneiden. Chenilledraht einführen. Den Schwanz an das Hinterteil annähen.

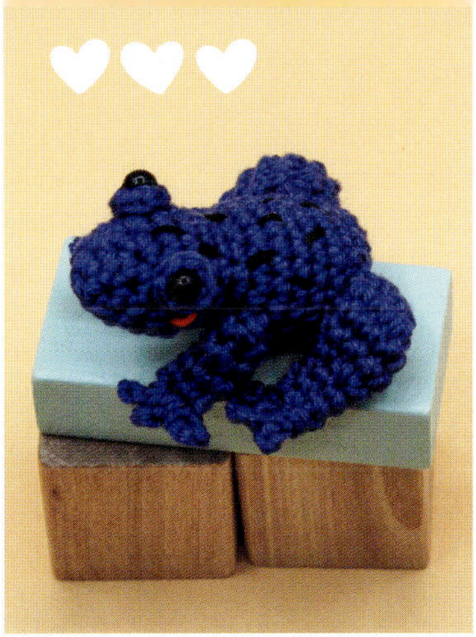

PFEILGIFT-FROSCH

GRÖSSE
5x4 cm

MATERIAL
Schachenmayr Catania (100 % Baumwolle, LL 125 m/50 g) in
› Monaco (420)
› Schwarz (110)
› Tomate (390)
Halbperlen, 5 mm

AUGE (2X IN MONACO)

Häkle in Rd. 5 fM in einen Fadenring häkeln. Faden lang abschneiden.

KÖRPER (IN MONACO)

Häkle in Rd.
1. Rd: 6 fM in einen Fadenring häkeln (6 M).
2. Rd: 3x 1 M zun, 3 fM (9 M).
3. Rd: 9 fM häkeln.
4. Rd: 6x 1 M zun, 3 fM (15 M).
Beim Häkeln der 5. Rd zwischen die 1. und 2. M und die 6. und 7. M jeweils einen Faden legen. Dort werden später die Augen aufgenäht.
5.–7. Rd: 15 fM häkeln.
8. Rd: *1 fM, 1 M abn*, von * bis * noch 1x wdh, 3 fM, *1 M abn, 1 fM*, von * bis * noch 1x wdh (11 M).
9. Rd: *1 fM, 1 M zun*, von * bis * noch 4x wdh, 1 fM (16 M).
10. Rd: *3 fM, 1 M zun*, von * bis * noch 3x wdh (20 M).
Beginne den Körper auszustopfen.
11.–14. Rd: 20 fM häkeln.
15. Rd: *3 fM, 1 M abn*, von * bis * noch 3x wdh (16 M).
16. Rd: *2 fM, 1 M abn*, von * bis * noch 3x wdh (12 M).
17. Rd: *1 fM, 1 M abn*, von * bis * noch 3x wdh (8 M).
Faden lang abschneiden, durch alle vorderen M-Glieder ziehen und festziehen. Die Augen auf die zuvor markierten Stellen nähen. Je eine Halbperle aufkleben. In Tomate jeweils 2 kurze Spannstiche unterhalb der Augen für die Wangen aufsticken. Den Körper mit Spannstichen in Schwarz besticken.

VORDERBEIN (2X IN MONACO)

Häkle in Rd.
1. Rd: Bilde einen Fadenring mit langem Anfangsfaden, 6 fM in den Ring häkeln (6 M).
2.–4. Rd: 6 fM häkeln.
Das Bein zusdrücken und die M der 4. Rd mit 2 fM zushäkeln. Nicht abketten. 5 Lm anschl und 1 Km in die letze der beiden fM häkeln. Nicht abketten. *5 Lm anschl, 1 Km in die 1. der beiden fM häkeln*. Nicht abketten. Von * bis * noch 1x wdh (= Fuß). Faden abschneiden und vernähen. Die Vorderbeine seitlich mit dem Anfangsfaden direkt neben dem Kopf an den Körpern nähen.

HINTERBEIN (2X IN MONACO)

Häkle in Rd.
1. Rd: Bilde einen Fadenring mit langem Anfangsfaden, 6 fM in den Ring häkeln (6 M).
2.–3. Rd: 6 fM häkeln.
4. Rd: *1 fM, 1 M zun*, von * bis * noch 2x wdh (9 M).
5.–6. Rd: 9 fM häkeln.
7. Rd: *1 fM, 1 M abn*, von * bis * noch 2x wdh (6 M).
8.–9. Rd: 6 fM häkeln.
Das Bein zusdrücken und die M der 9. Rd mit 2 fM zushäkeln. Nicht abketten. Den Fuß wie beim Vorderbein häkeln. Das Hinterbein an der 5. Rd falten und so seitlich an den Hinterteil des Körpers nähen.

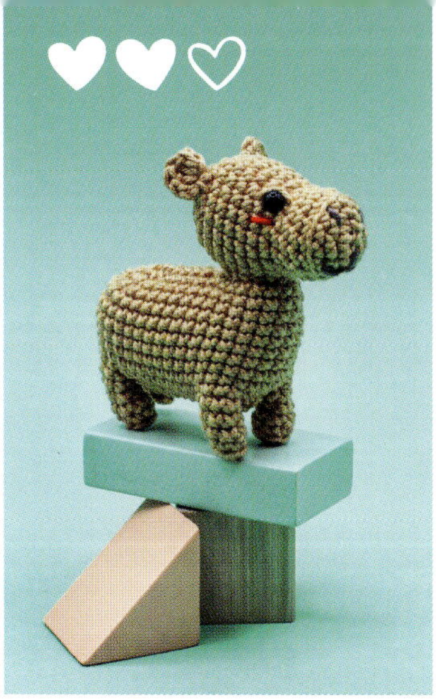

CAPYBARA

GRÖSSE
7x7 cm

MATERIAL
Schachenmayr Catania (100 % Baumwolle, LL 125 m/50 g) in
- Camel (179)
- Teddy (161)
- Tomate (390)

Sicherheitsaugen, 5 mm

KOPF (IN CAMEL)

Häkle in Rd. 4 Lm anschl und ab der 2. Lm von der Nd aus um die Lm-Kette herumhäkeln.
1. Rd: 2 fM, 3 fM in 1 M, 1 fM, 1 M zun (8 M).
2. Rd: *1 M zun, 1 fM*, von * bis * noch 3x wdh (12 M).
3. Rd: *5 fM, 1 M zun*, von * bis * noch 1x wdh (14 M).
4. Rd: 14 fM ihM.
5.–7. Rd: 14 fM häkeln.
8. Rd: *1 fM, 1 M zun* 7x wdh (21 M).
Beim Häkeln der 9. Rd zwischen die 8. und 9. M und die 14. und 15. M jeweils einen Faden legen. Dort werden später die Sicherheitsaugen gesetzt.
9. Rd: 21 fM häkeln.
10. Rd: 7 fM, *2 fM, 1 M zun*, von * bis * noch 1x wdh, 8 fM (23 M).
11.–13. Rd: 23 fM häkeln.
Je ein Sicherheitsauge an die zuvor markierten Stellen zwischen die 8. und 9. Rd setzen.
Beginne den Kopf auszustopfen.
14. Rd: *2 fM, 1 M abn*, von * bis * noch 4x wdh, 3 fM (18 M).
15. Rd: *1 fM, 1 M abn*, von * bis * noch 5x wdh (12 M).
Faden lang abschneiden, durch alle vorderen M-Glieder ziehen und festziehen. Für die Augenlider in Camel jeweils einen Spannstich über jedes Auge legen. In Teddy zwei Spannstiche für die Nasenlöcher aufsticken. Darunter ebenfalls in Teddy mit drei Spannstichen die Schnauze aufsticken. Für die Wangen in Tomate jeweils einen kurzen Spannstich unter jedes Auge sticken.

OHREN (2X IN CAMEL)

2 Lm anschl und 3 Stb, 2 Lm, 1 Km in die 2. Lm von der Nd aus häkeln. Faden lang abschneiden und damit die Ohren auf Höhe der 14. Rd an den Kopf nähen.

BEIN (4X IN CAMEL)

Häkle in Rd.
1. Rd: 6 fM in einen Fadenring häkeln (6 M).
2. Rd: 6 fM ihM.
3.–5. Rd: 6 fM häkeln.
Beim 1.–3. Bein den Faden abschneiden und vernähen. Das 4. Bein nicht abketten, es geht gleich mit der Verbindung weiter.

Verbindung der Beine

Markiere die 5. M der 5. Rd des Beins mit einem MM. Häkle 3 Lm, steche in 1 M der 5. Rd des 1. Beins ein und häkle 2 fM. Nicht abketten. 8 Lm anschl, steche in 1 M der 5. Rd des 2. Beins und häkle 2 fM. Häkle 3 Lm, steche in 1 M der 5. Rd des 3. Beins ein und häkle 2 fM. Nicht abketten. 8 Lm anschl, steche in die markierte M der 5. Rd des 4. Beins und häkle 1 fM. 1 fM in die nächste M. So alle Beine verbinden. Die Beine liegen dabei innen. Nicht abketten, sondern mit dem Bauch fortfahren.

BAUCH (IN CAMEL)

Häkle in Rd.
1. Rd: *3 fM in die Lm der Verbindung, 2 fM, 8 fM in die Lm der Verbindung, 2 fM*, von * bis * noch 1x wdh (30 M).
2. Rd: *1 M abn, 1 fM, 1 M abn, 10 fM*, von * bis * noch 1x wdh (26 M).
Faden lang abschneiden und damit die Lücke längs zusnähen.

KÖRPER (IN CAMEL)

Häkle in Rd. Bauch und Beine so drehen, dass die Unterseite des Bauchs nach oben und die Beine nach außen zeigen. Mit 1 stehenden fM in die 1. freie M des linken Vorderbeins anschlingen. Gehäkelt wird in die freien fM der Beine und die Unterseite der Lm der Verbindung.
1. Rd: *4 fM, 3 fM in die Lm, 4 fM, 8 fM in die Lm*, von * bis * noch 1x wdh (38 M).
2.–6. Rd: 38 fM häkeln.
Beginne den Körper und die Beine auszustopfen.

7. Rd: 18 fM, *2 fM, 1 M abn*, von * bis * noch 2x wdh, 8 fM (35 M).
8. Rd: 18 fM, *1 fM, 1 M abn*, von * bis * noch 2x wdh, 8 fM (32 M).
9. Rd: 18 fM, 3x 1 M abn, 8 fM (29 M).
10. Rd: 12 M überspringen, 1 fM in die 13. M der Vor-Rd (= Halsöffnung), 4 fM, 4x 1 M abn, 4 fM (13 M).
Faden lang abschneiden und damit die Lücke am Rücken schließen.

HALS (IN CAMEL)

Häkle in Rd. In der 1. M der 10. Rd des Körpers mit 1 stehenden fM anschlingen und 13 fM um die Halsöffnung häkeln.
Faden lang abschneiden und damit den Kopf annähen.

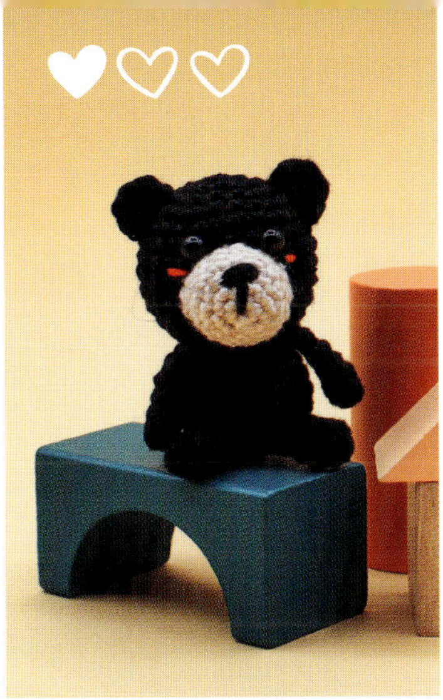

LIPPENBÄR

GRÖSSE
6 cm

MATERIAL
Woll Butt Camilla (100 % Baumwolle, LL 125 m/50 g) in
- Schwarz
- Puder
- Rot

Sicherheitsaugen, 5 mm

KOPF UND KÖRPER (IN SCHWARZ)

Häkle in Rd.
1. Rd: 6 fM in einen Fadenring häkeln (6 M).
2. Rd: 6x 1 M zun (12 M).
3. Rd: *1 fM, 1 M zun*, von * bis * noch 5x wdh (18 M).
4. Rd: *2 fM, 1 M zun*, von * bis * noch 5x wdh (24 M).
5. Rd: 24 fM häkeln.
6. Rd: *3 fM, 1 M zun*, von * bis * noch 5x wdh (30 M).
7.–10. Rd: 30 fM häkeln.
Die Augen zwischen der 6. und 7. Rd mit 2 M Abstand befestigen.
11. Rd: *3 fM, 1 M abn*, von * bis * noch 5x wdh (24 M).
12. Rd: *2 fM, 1 M abn*, von * bis * noch 5x wdh (18 M).
Beginne mit dem Ausstopfen.
13. Rd: *1 fM, 1 M abn*, von * bis * noch 5x wdh (12 M).
14. Rd: *2 fM, 1 M zun*, von * bis * noch 3x wdh (16 M).
15. Rd: *3 fM, 1 M zun*, von * bis * noch 3x wdh (20 M).
16. Rd: *4 fM, 1 M zun*, von * bis * noch 3x wdh (24 M).
17.–19. Rd: 24 fM häkeln.
20. Rd: *2 fM, 1 M abn*, von * bis * noch 5x wdh (18 M).
21. Rd: *1 fM, 1 M abn*, von * bis * noch 5x wdh (12 M).
22. Rd: 6x 1 M abn (6 M).
Faden lang abschneiden, durch alle vorderen M-Glieder ziehen und festziehen. Lose Fäden vernähen.

SCHNAUZE (IN PUDER)

Häkle in Rd.
1. Rd: 5 fM in einen Fadenring häkeln (5 M).
2. Rd: 5x 1 M zun (10 M).
3. Rd: *2 fM, 1 M zun*, von * bis * noch 2x wdh, 1 fM (13 M).
4.–5. Rd: 13 fM häkeln.
6. Rd: *3 fM, 1 M zun*, von * bis * noch 2x wdh, 1 fM (16 M).
Faden lang abschneiden. Die Nase mittig in Schwarz aufsticken und nach unten mit einem kurzen Spannstich verlängern. Mit Füllwatte ausstopfen. Die Schnauze direkt unter den Augen annähen. In Rot jeweils zwei kurze Spannstiche für die Wangen aufsticken.

OHR (2X IN SCHWARZ)

2 Lm anschl und 6 hStb in die 2. Lm von der Nd aus häkeln. Faden lang abschneiden und damit die Ohren auf Höhe der 3. Rd an den Kopf nähen.

ARM (2X IN SCHWARZ)

Häkle in Rd.
1. Rd: 6 fM in einen Fadenring häkeln (6 M).
2.–7. Rd: 6 fM häkeln.
Den Arm zusdrücken und die M der 7. Rd mit 2 fM zushäkeln. Faden lang abschneiden und damit den Arm direkt unterhalb des Kopfs an den Körper nähen.

BEIN (2X IN SCHWARZ)

Häkle in Rd.
1. Rd: 6 fM in einen Fadenring häkeln (6 M).
2.–4. Rd: 6 fM häkeln.
Faden lang abschneiden. Damit die Beine auf Höhe der 19. Rd an den Körper nähen.

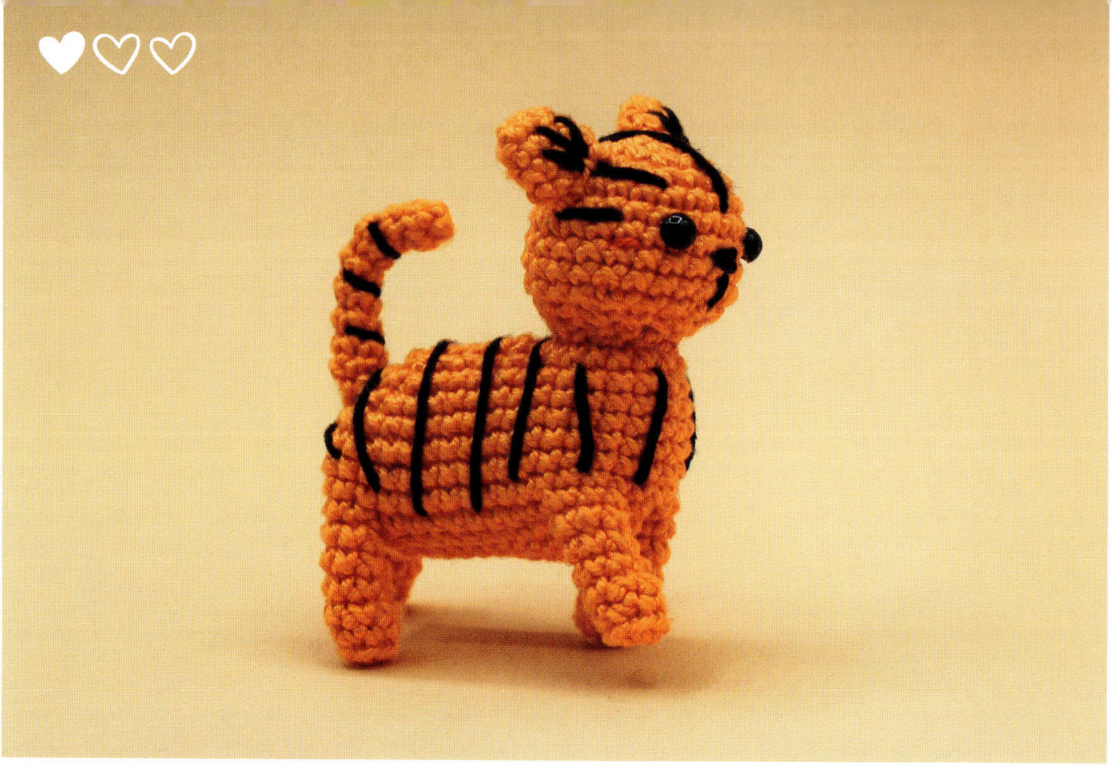

TIGER

GRÖSSE
6x7 cm

MATERIAL
Scheepjes Catona (100 % Baumwolle, LL 125 m/50 g) in
- Tangerine (281)
- Jet Black (110)
- Poppy Rose (390)

2 Sicherheitsaugen, 5 mm
Chenilledraht, 4 cm

KOPF (IN TANGERINE)

Häkle in Rd.
1. Rd: 6 fM in einen Fadenring häkeln (6 M).
2. Rd: 6x 1 M zun (12 M).
3. Rd: *1 fM, 1 M zun*, von * bis * noch 5x wdh (18 M).
4. Rd: *2 fM, 1 M zun*, von * bis * noch 5x wdh (24 M).
5.–9. Rd: 24 fM häkeln.
Die Augen zwischen 6. und 7. Rd mit 5 M Abstand befestigen.
10. Rd: *2 fM, 1 M abn*, von * bis * noch 5x wdh (18 M).
Beginne den Kopf auszustopfen.
11. Rd: *1 fM, 1 M abn*, von * bis * noch 5x wdh (12 M).
Faden lang abschneiden, durch alle vorderen M-Glieder ziehen und festziehen. Die Nase mittig in Jet Black zwischen den Augen aufsticken und nach unten mit einem kurzen Spannstich verlängern. Ebenfalls in Jet Black lange Spannstiche über den Kopf sticken. In Poppy Rose unter jedes Auge einen kurzen Spannstich für die Wangen aufsticken.

OHR (2X IN TANGERINE)

Häkle in Rd.

1. Rd: 4 fM in einen Fadenring häkeln (4 M).

2. Rd: *1 M zun, 1 fM*, von * bis * noch 1x wdh (6 M).

3. Rd: *1 M zun, 2 fM*, von * bis * noch 1x wdh (8 M).

4. Rd: 8 fM häkeln.

Faden lang abschneiden. In Jet Black jeweils 3 Spannstiche aufsticken. Die Ohren oberhalb der Augen auf Höhe der 3. Rd an den Kopf nähen.

BEIN (4X IN TANGERINE)

Häkle in Rd.

1. Rd: 6 fM in einen Fadenring häkeln (6 M).

2. Rd: 6 fM ihM häkeln.

3.–6. Rd: 6 fM häkeln.

Beim 1.–3. Bein den Faden abschneiden und vernähen. Das 4. Bein nicht abketten, es geht gleich mit der Verbindung weiter.

Verbindung der Beine

Markiere die 5. M der 6. Rd des Beins mit einem MM. Häkle 3 Lm, steche in 1 M der 6. Rd des 1. Beins ein und häkle 2 fM. Nicht abketten. 8 Lm anschl, steche in 1 M der 6. Rd des 2. Beins und häkle 2 fM. Häkle 3 Lm, steche in 1 M der 6. Rd des 3. Beins ein und häkle 2 fM. Nicht abketten. 8 Lm anschl, steche in die markierte M der 6. Rd des 4. Beins und häkle 1 fM. 1 fM in die nächste M. So alle Beine verbinden. Die Beine liegen dabei innen. Nicht abketten, sondern mit dem Bauch weitermachen.

BAUCH (IN TANGERINE)

Häkle in Rd.

1. Rd: *3 fM in die Lm der Verbindung, 2 fM, 8 fM in die Lm der Verbindung, 2 fM*, von * bis * noch 1x wdh (30 M).

2. Rd: *1 M abn, 1 fM, 1 M abn, 10 fM*, von * bis * noch 1x wdh (26 M).

Faden lang abschneiden und damit die Lücke längs zusnähen.

KÖRPER (IN TANGERINE)

Häkle in Rd. Bauch und Beine so drehen, dass die Unterseite des Bauchs nach oben und die Beine nach außen zeigen. Mit 1 stehenden fM in die 1. freie M des linken Vorderbeins anschlingen. Gehäkelt wird in die freien fM der Beine und die Unterseite der Lm der Verbindung.

1. Rd: *4 fM, 3 fM in die Lm, 4 fM, 8 fM in die Lm*, von * bis * noch 1x wdh (38 M).

2.–4. Rd: 38 fM häkeln.

Beginne den Körper und die Beine auszustopfen.

5. Rd: 18 fM, *2 fM, 1 M abn*, von * bis * noch 2x wdh, 8 fM (35 M).

6. Rd: 18 fM, *1 fM, 1 M abn*, von * bis * noch 2x, 8 fM (32 M).

7. Rd: 18 fM, 3x 1 M abn, 8 fM (29 M).

8. Rd: 12 M überspringen, 1 fM in die 13. M der Vor-Rd (= Halsöffnung), 4 fM, 4x 1 M abn, 4 fM (13 M).

Faden lang abschneiden und damit die Lücke am Rücken schließen. Den Körper mit langen Spannstichen in Jet Black besticken.

HALS (IN TANGERINE)

Häkle in Rd. In einer M der 8. Rd des Körpers mit 1 stehenden fM anschl und 13 fM um die Halsöffnung häkeln. Faden lang abschneiden und damit den Kopf annähen.

SCHWANZ (IN TANGERINE)

Häkle in Rd.

1. Rd: 5 fM in einen Fadenring häkeln (5 M).

2.–9. Rd: 5 fM häkeln.

Faden lang abschneiden. Chenilledraht einführen. In Jet Black mehrere kurze Spannstiche aufsticken. Den Schwanz an das Hinterteil annähen

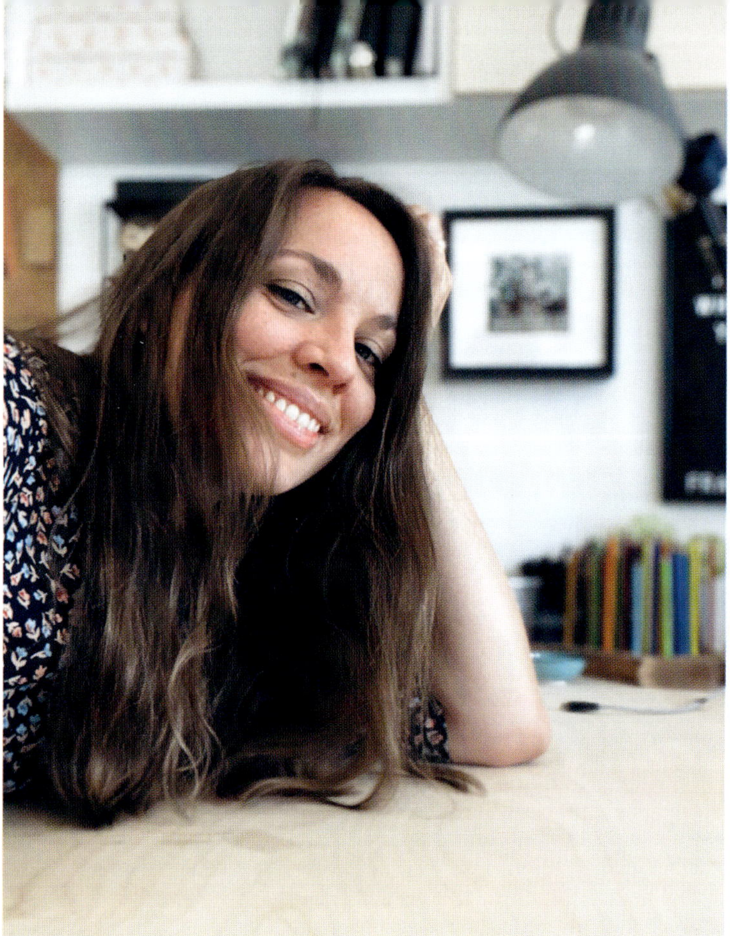

ÜBER DIE AUTORIN

Inga Borges ist Designerin und Gründerin des Labels „Frau Line". Das Häkeln hat sie gelernt, bevor sie in die Schule kam und hat seitdem die Nadel nicht mehr losgelassen. Sie bloggt auf frau-line.de regelmäßig über Häkeln, Handarbeit und Nachhaltigkeit und arbeitet als Autorin für Häkelbücher, unter anderem für die erfolgreiche Reihe „Helden der Kindheit". Sie lebt mit ihrem Mann und dem kleinen Kater Moe in Münster. Noch mehr von Inga und ihren Designs gibt es bei @byfrauline bei Instagram.

DANKSAGUNG

Ich danke meinen großartigen Testerinnen! Ihr seid die Besten!

Ein herzliches Dankeschön geht an meine Sponsor*innen, die mich wie immer toll durch das Buch begleitet haben.

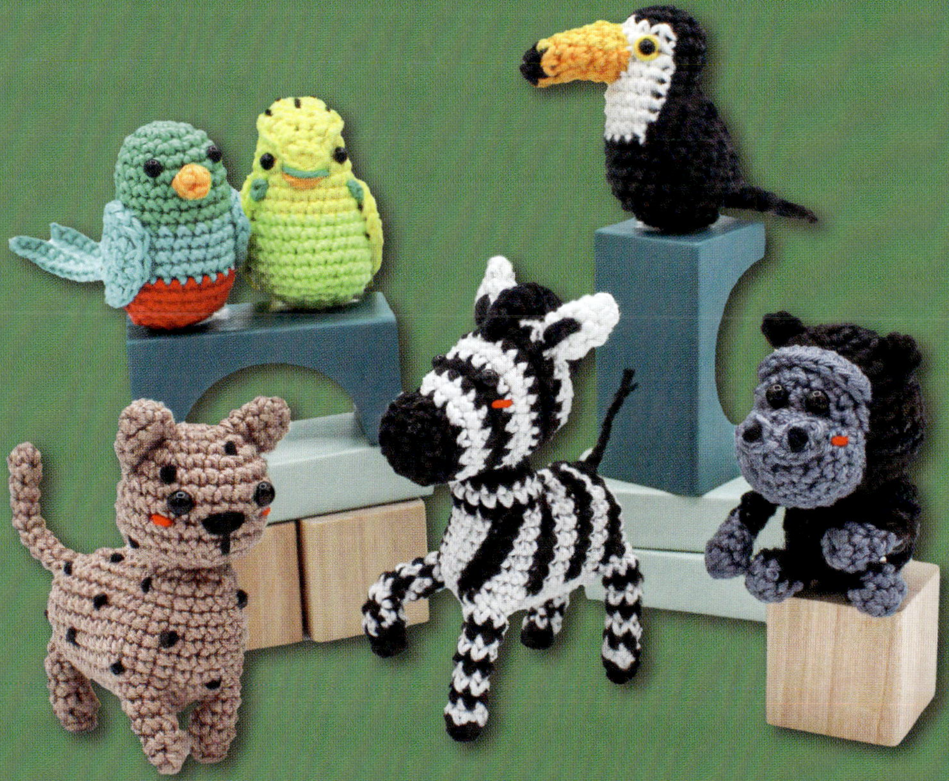

IMPRESSUM

Bibliografische Information der Deutschen Bibliothek.

Die Deutsche Bibliothek verzeichnet diese Publikation in der Deutschen Nationalbibliografie. Detaillierte bibliografische Daten sind im Internet über http://www.dnb.de/abrufbar.

EIN BUCH DER EDITION MICHAEL FISCHER

1. Auflage 2024

Covergestaltung: Anna Fiedler
Bilder: Inga Borges
Illustrationen: Herzen: @Random Illustrator/ Shutterstock; Wollillustrationen: @Nadiinko/ Shutterstock
Redaktion und Lektorat: Saskia Reusch
Layout: Jonas Högerl
Satz: Anna Fiedler

ISBN 978-3-7459-2112-0

Gedruckt bei PNB Print SIA „Jansili", Silakrogs, Ropazu novads, LV-2133, Lettland

www.emf-verlag.de